国家出版基金项目
NATIONAL PUBLICATION FOUNDATION

上海三联人文经典书库
124

古希腊寡头政治
特征与组织形式

［英］伦纳德·惠布利 著

孙晶晶 李宏伟 翟思诺 译

GREEK OLIGARCHIES
THEIR CHARACTER AND ORGANISATION

上海三联书店

总　序

陈　恒

　　自百余年前中国学术开始现代转型以来，我国人文社会科学研究历经几代学者不懈努力已取得了可观成就。学术翻译在其中功不可没，严复的开创之功自不必多说，民国时期译介的西方学术著作更大大促进了汉语学术的发展，有助于我国学人开眼看世界，知外域除坚船利器外尚有学问典章可资引进。20世纪80年代以来，中国学术界又开始了一轮至今势头不衰的引介国外学术著作之浪潮，这对中国知识界学术思想的积累和发展乃至对中国社会进步所起到的推动作用，可谓有目共睹。新一轮西学东渐的同时，中国学者在某些领域也进行了开创性研究，出版了不少重要的论著，发表了不少有价值的论文。借此如株苗之嫁接，已生成糅合东西学术精义的果实。我们有充分的理由企盼着，既有着自身深厚的民族传统为根基、呈现出鲜明的本土问题意识，又吸纳了国际学术界多方面成果的学术研究，将会日益滋长繁荣起来。

　　值得注意的是，20世纪80年代以降，西方学术界自身的转型也越来越改变了其传统的学术形态和研究方法，学术史、科学史、考古史、宗教史、性别史、哲学史、艺术史、人类学、语言学、社会学、民俗学等学科的研究日益繁荣。研究方法、手段、内容日新月异，这些领域的变化在很大程度上改变了整个人文社会科学的面貌，也极大地影响了近年来中国学术界的学术取向。不同学科的学者出于深化各自专业研究的需要，对其他学科知识的渴求也越来越迫切，以求能开阔视野，迸发出学术灵感、思想火花。近年来，我们与国外学术界的交往日渐增强，合格的学术翻译队伍也日益扩大，同时我们也深信，学术垃圾的泛滥只是当今学术生产面相之一隅，高质量、原创作的学术著作也在当今的学术中坚和默坐书斋的读书种子中不断产生。然囿于种种原因，人文社会科学各学科的发展并不平衡，学术出版方面也有畸轻畸重的情形（比如国内还鲜有把国人在海外获得博士学位的优秀论文系统地引介到学术界）。

有鉴于此，我们计划组织出版"上海三联人文经典书库"，将从译介西学成果、推出原创精品、整理已有典籍三方面展开。译介西学成果拟从西方近现代经典（自文艺复兴以来，但以二战前后的西学著作为主）、西方古代经典（文艺复兴前的西方原典）两方面着手；原创精品取"汉语思想系列"为范畴，不断向学术界推出汉语世界精品力作；整理已有典籍则以民国时期的翻译著作为主。现阶段我们拟从历史、考古、宗教、哲学、艺术等领域着手，在上述三个方面对学术宝库进行挖掘，从而为人文社会科学的发展作出一些贡献，以求为21世纪中国的学术大厦添一砖一瓦。

目录

序　言

　　此文获得 1894 年的"野兔奖"①。此后，我迫于诸多事务缠身，直到去年才准备将其付梓。

　　关于希腊寡头政治的研究资料一直不够充足。实行寡头政治的城邦既没有留下任何历史文献，也无相关内部记录。在对希腊历史的众多分支进行一番调查之后，我们意识到，我们其实对雅典之外的希腊城邦知之甚少。我们关于寡头政治的想象，对它的运行特点与方式的设想是偏颇和不完整的。如果不考虑亚里士多德关于政治观点和政治形式的鸿篇巨制，与寡头政治相关的资料还是比较分散的，它们开始于抒情诗人的作品，晚至普鲁塔克的记述。铭文的数量较少，并且它们的价值也远没有我们想象的大。

　　因为直接史料缺乏，所以我将第一章聚焦于希腊政体的分类，考察那些实行寡头制和贵族制的城邦。对一种政体的定义进行研究，正如希腊人的政治术语一样，通常会显得模棱两可和充满不确定性，在我们的印象中，希腊人有不同的政体，我们就是通过这点抓住了希腊寡头政治的真实特征。在第二章和第三章中，我简要地讨论了政体变化的原因并追溯了制度的发展轨迹，揭示寡头政

---

① Hare Prize，是剑桥大学古典文学系设置的"野兔奖"。该奖项面向剑桥大学全体学员，获奖后可以获得一定奖金，并且获奖作品能够收藏于古典文学系图书馆。

治在此历程中占据的位置。紧接着的两个附录，则是讨论早期雅典历史中的一些问题。第四章论述寡头政治的多样性，最后一章对寡头政治的组织进行了专门研究。随后的附录系统介绍了雅典四百人议事会的演变。

当代的书籍，我使用较多的是吉尔伯特的《古代希腊政治手册》第二卷，其中包含了许多珍贵的资料。威廉·纽曼先生对亚里士多德《政治学》的导读，让我受益，给我启发。我还在注释中引用了其他的现代著作，再次对其作者表示感激。

在准备此书出版事宜的过程中，我很荣幸得到剑桥大学三一学院怀斯（W. Wyse）先生的帮助，他是野兔奖评委会的评审之一，给我诸多珍贵的意见。彭布罗克学院尼尔（R. A. Neil）非常友好地帮助我，国王学院的黑德拉姆（J. W. Headlam）先生对我的论据提出了许多有益的批评与建议。

伦纳德·惠布利

剑桥大学彭布罗克学院

1896 年 2 月 3 日

在引用亚里士多德的《政治学》时，我遵循了苏塞米希尔（Susemihl）的袖珍版文本及其章节编号方式。对威廉·纽曼先生的《政治学》第一卷，在引用时以"纽曼：《导论》（Newman, *Introduction*）"的形式出现。吉尔伯特博士的《古代希腊政治手册》（*Handbuch*）为德语第二版。

第一章 政体分类:寡头制的主张与特征

第一节 政体的一般分类

希腊人的智慧使作为政治制度发明者和政治理论家的他们赢得了卓越的声名,也让他们察觉到自己生活在早期政治多样化的时期。正如亚里士多德所言,统治阶层无非分三种:一个人、少数人或者多数人①:而由此而来的三种政体之间的区别,也是一直用于政体分类的依据。关于这点,初次成文记录可见于品达,只是他并未用术语表述,且不够精确。②在品达的文字中,"僭主制,即贪婪的统治者和明智的城邦保卫者",对于君主制、民主制和寡头制,诗人则表露出他对少数人执掌政权的偏好,可从他采用的饰词中略见一斑。③因此,我们发现,他常用道德术语描述政体与政党,而且

---

① 亚里士多德:《政治学》,3.6,1279 a 25,"政体和政府表示的是同一个意思,后者是城邦的最高权力机构,由一个人、少数人或多数人执掌"。
② 品达:《皮提亚颂诗》,2.86。荷马:《伊利亚特》,2.204,"多人执政不是好制度;应当让一个人统治",这是首次对政治的反思。
③ 最常见的道德修饰语在政治上的应用可以在塞奥格尼斯(Theognis)身上找到,尽管他没有明确地对政府形式进行道德化评判。

古希腊寡头政治：特征与组织形式

2   这种趋势对希腊人的政治术语混淆也产生了一定影响。①这种术语的使用不可能完全一致，因为寡头制和民主制的倡导者采用类似的词语或褒或贬，达到他们的目的或者满足场合需要，以此来描述相对立的政党和不同的政体。②

    修辞学家和智者学派在对比三种政体或比较寡头制和民主制的原则时，没有如此司空见惯地使用修辞手法：这也是他们的一个普遍话题，他们教学生记住各种政体的描绘词，引导他们采用饰词和下结论来迎合受众的口味。③到希罗多德的时代，对政体进行批评已经成为一种风尚，而且此时也引入了关于君主制、贵族制和民主制的科学术语。④史学家不能否认讨论这个问题带来的趣味，也

3 许因此初次激起了希腊人思考政体的最佳形式是什么。⑤在辩论中，他们用怪异和不恰当来描述三个波斯贵族，没有什么比这更能代表希腊体制和反映希腊精神的了。⑥我们发现，希罗多德在他的

---

① 下文中我们会看到政治术语在使用中体现的不一致和模棱两可。

② 在这里讨论这个主题也许显得有些不合适，但是在演说辞中有大量证据表示：采用的饰词和要求的素质，在寡头统治者的口中应该是必备的特殊政治要求，演说家们往往采用完全相反的方式，以此希望民主政治是赏心悦目之事。可以引用的"好秩序"（εὐνομία）、"好的安排"（εὐταξία）、"克制"（σωφροσύνη，寡头统治者的具体美德）的具体事例，归因于民主政治政体；而"卑鄙"（πονηρία）等被认为是寡头政治与生俱来的特征。

③ 这种做法的事例见于以下文本：伊索克拉底：《演说辞》，12.111，"当他们看到所有主题都被我演说过了，又发现自己不能反对我提出的任何观点，我想他们会将自己的注意力转向政体问题上"。

④ 在希罗多德：《历史》，3.80—82 中的辩论，"民主政体、寡头政体、君主政体"。他在这里使用了"民众"（δῆμος）来形容民主政治；但是，在 6.43，则是用的"民主政治"（δημοκρατίη）一词。

⑤ 参见纽曼：《导论》，第 85 页。"在希腊，探索'最佳政体'是一个传统的政治需求。显然，这个问题肯定是追求实际的政治家首先提出的，也有可能是希罗多德臆想的一群波斯贵族讨论君主制、寡头制和民主制的各自主张。"

⑥ 整体来看，这个辩论是不真实且不可能的，但是这个特征确实是整个希腊政体的风格，而非东方式的。

定义中引入了道德标准，①但是它们也显示了科学分析这不容忽视的力量，此外，定义中还包含了对三种政体至关重要的诸多特征。②

修昔底德无论在科学政治还是历史艺术上都远远超过了希罗多德。他建构了艺术标准和哲学准则，不知不觉地在希腊戏剧的基础上开创了属于他的作品风格。这种类似使者的朗诵或是悲剧的片段的叙事体是会中断的，而演说家将群众异口同声的效果引入到对特殊事件的动机分析，巧妙运用了一般原则，这也使得修昔底德自始至终都是一个风格统一的作者。③在他的记载中，常有悲剧性的讽刺，对灾难的预见性再次提醒我们会有类似的事情发生。把对雅典的溢美之词置于伯里克利的口中，紧接着就是瘟疫叙事——雅典灭亡的第一步。米洛斯对话④记载了发生在西西里岛的灾难故事，为悲剧叙事铺好了道路。因此，演说辞也常常前后矛盾，不符合演说者的性格，但却适合当时的场合。⑤它被视为一种作为对修昔底德思想的反映而非一种作为对演说者真实的话语或想法的反馈。修昔底德在对比三种政体时表示，他已经比前人对政体形式进行了更进一步的分析。他的分类更加精确，主要类型的多样性得到了区分⑥，不同政体的特征得到了更为精细和准

4

---

① 因此"寡头政体"被定义为"贵族伙伴们的政体"（特别是亚里士多德对"贵族政体"的定义）；大流士认为"卑怯"（κακότης）在民主政府中是不可避免的。

② 因此，"优良法制"（参见修昔底德：《伯罗奔尼撒战争史》，3.82）被归因于民主政治，并且奥塔涅斯（Otanes）说僭主制"既不是一件好事，也不是一件让人喜欢的事"。对僭主政治的描述完全符合希腊人的感性情绪。

③ 修昔底德很少在事件中加入自己的评论。最值得注意的例子是对科西拉的"内乱"（στάσις）的反思（3.82—3）。

④ 译注：公元前416—前415年，雅典派军远征爱琴海上的米洛斯岛，在兵临城下时派代表与米洛斯谈判。详见修昔底德：《伯罗奔尼撒战争史》，1.1.3。

⑤ 修昔底德自己说道（1.22）："对我来说，难以原原本本记下演说者的发言，所以书中的每一个演说者，在我看来，说出了我认为的在各种不同场合必需的话，同时，我尽量贴近实际发言的大意"。

⑥ 在1.13，区分了"僭主政治"和"君主政治"。在3.62，区分了"优良法律的寡头政体"和"僭主政体"。

确的介绍。①

5　　显然，在这些方面，他预见到，亚里士多德这样的哲学家在很大程度上遵循了史学家的措辞和总体描述。对修昔底德而言，伯罗奔尼撒战争也是政治原则的一场斗争，即寡头制和民主制之间的斗争②：它甚至是一个更为特别的考验，一个是自由、颇为民主的政体——雅典，一个是实行严格的军事贵族制的政体——斯巴达。因此，他常被两个城邦的对立面困扰；几乎毫不夸张地说，关于两种政体对立面的文字见于记载的甚少，当这种政体的对比与演说者不一致或者不相关时，它强调或暗示了场景对演说的影响。③

　　为进一步考察这种分类：特拉西马库斯在柏拉图的《理想国》中，分别以僭主制、贵族制和民主制的提法定义了这三种常见的政体。④伊索克拉底列举并通过各政体的道德要求进行了深入的区分——这种区分我在下文中也会提及。⑤埃斯契尼斯利用政体间的对比引出了赞誉民主制的公正和良好秩序这样的结论。⑥德摩斯提尼也提到了三种政体，并且对民主制和寡头制的优点用了相当多的笔墨。⑦

　　这些实例足以表明政体的三分法是得到广泛接受的。

---

①　参照对雅典民主制(2.38)和叙拉古的温和民主制(6.39)的描述。

②　特别是参照 3.82.1。

③　两个城邦特征的对比是自然的，这点在科林斯人(1.68—71)和阿希达穆斯(1.80—85)各自的演说中得到了公然宣示。在伯里克利对雅典的颂扬中，斯巴达在它的劲敌面前扮演了一个陪衬的角色(2.35 及以下，见第 37、39、40 章)。在克里昂看来，这种对比并非那么重要(3.37—40)，尽管他没有公开表示，但是也进行了明显暗示；对克里昂而言，是为了重申科林斯人和阿希达穆斯对斯巴达的描述和看法。最后，吕西阿斯对比了政体。(6.11)

④　1.338 D。

⑤　12.132—3。伪吕西阿斯：《演说辞》，6.30 列举了"民主政治"、"寡头政治"和"僭主政治"。

⑥　见《提马尔克斯》，4。

⑦　三种政体在埃斯契尼斯：《演说辞》，23.66 中出现。演说家在寡头制和民主制之间常见的差异这个方面给了我们一个好例子，有点冷僻的文章片段，如 22.51—2 和 24.163—4，也有这两种政体的对比。

第二节 哲学家眼中的政体分类

6

智者运动为批判政体注入了一股强劲的冲力,哲学家也开始表现出对政治学研究的浓厚兴趣。苏格拉底的理论在色诺芬的作品中得以保存,他是对苏格拉底教义的最可靠的阐释者。①柏拉图在《理想国》、《政治学》和《法篇》中有不同的设想,②而且亚里士多德也在三篇中对政体分类进行了讨论。③后世的作家,如波利比乌斯④、普鲁塔克⑤和狄奥·克律索斯托姆⑥大体上与亚氏的分类方法一脉相承,只是措辞上略有变化。所有这些作家,在统治者委托他们在区分政体时,都认识到不止有三种政体。至于他们的分类有异于流行理论,这是基于伦理方面的考虑。柏拉图和亚里士多德的分类必须给予仔细的讨论。两位作家对政体种类的推测与试图在希腊模式上建立理想的城邦紧密相关。他们都注意到了在希腊普通社区中盛行的条件,但他们也都没有构想出任何超越城邦的设想。即使在柏拉图的难以实现的《理想国》中,也只是描绘了基于斯巴达城邦的哲学家统治的政府。⑦我们通常能够辨别出隐藏

7

① 色诺芬:《回忆苏格拉底》,4.6.12。
② 柏拉图:《理想国》,5.449 A;《政治学》,291 及以下;《法篇》,710 E。
③ 在《修辞篇》(1.8, 1365)中的设想与色诺芬的设想有着很大的相似性,但是和《政治学》中却迥然不同(3.6—9),其中亚里士多德在《政治学》中采用了柏拉图的分类。在《伦理学》中的第三种设想(8.12, 1160)与《政治学》中的分类有些类似,但在定义上还是稍有不同。
④ 6.3—10。
⑤ 《演说家》,3。
⑥ 3.45—9,刘小枫先生译作"金嘴狄翁"。
⑦ 乔维特(Jowett):《柏拉图》,第 5 卷,第 xxxviii 页。

在理念下的真正的政体,如柏拉图和亚里士多德的乌托邦。至于它们反映出的希腊人的政治理论,在研究实际政体时有其存在的价值。同时,理想国这一概念的引入,容易把普通城邦的分类与现实脱离。

于柏拉图而言,政治学理想化的理念也许是唯一值得探讨的问题。政治学于他要比伦理学更为具体、实在,①而理想国的建构在伦理学研究中或多或少还是个插曲。②《理想国》中的理想城邦是一种火星或土星上的政体,换言之,正如柏拉图所言,"它是一种地球上不存在的制度,是一种天堂才有的模式",③"仅仅适合神祇家族"。④当与政治的伊甸园相比时,真正的政体也只能呈现出荒唐的、曲解的正义,在他们臆想的秩序中被极富想象力地看作是对理念的背离。因此,追求荣誉的政体,是建立在克里特和斯巴达政体基础上的,排第一位⑤;随后是寡头制,追求财富的政府,有很多害处;⑥在这两者之后是民主制和僭主政体。而他没有尝试去把较好的政体形式和较差的区分开:以上种种都成为别人非难他的理由。

《法篇》,大约是柏拉图最后十年著述的一部作品,这是当他意识到脱离现实的理想国无望实现时,转而将最后的政治思想凝聚在这部作品中。⑦在《理想国》中,他对一般政体的分类并没有非常清晰。在其中一段中,君主制和民主制被看作相对于其他政体的"母政体";⑧在另一段中,却说完美的僭主制的统治是最佳政体,⑨而现存政体也是可以考虑的,因为现存政体具备转变成最佳政体的能力。⑩然后,他将四种政体进行了排列:僭主政体、君主政体、民

① 纽曼:《导论》,第486页。
② 同上,第455页。
③ 《理想国》,9.592 A, B。
④ 《法篇》,5.739 D; 9.853 C。
⑤ 《理想国》,8.547—8。
⑥ 《理想国》,8.544 A。描述见于550 C。
⑦ 纽曼:《导论》,第434页,注释2。
⑧ 3.683 D。
⑨ 4.709 E。
⑩ 4.710 E。

主政体和寡头政体。看似柏拉图确实改变了对民主制的看法,所以才会将其置于寡头制之上,但是他仍旧对其他一般形式的政府有着不可消除的敌意。它们甚至都配不上政体这个名号,只是为了统治者利益且罔顾正义的政治派系。① 一个城邦若是要弥补盛行的城邦制度的缺陷,如果没有《理想国》中的城邦理想化,实现的可能性未必会增加。② 它是一种混合贵族制和民主制元素的政府,但是柏拉图不能克服他对人民的不信任。他希望把政府的统治权给少数的智者,留给多数人的是一种权力假象,以此安抚他们的不满和阻止他们以身犯险。

柏拉图在《政治学》中还顺带引入了对现实政体的描叙,以此显示当它在与完美政治家统治的政体比较时显得毫无价值。他力求完善分类,而且这种分类要比其他作品中的分类更加有科学原则。从各种分类标准③ 开始,他还补充了关于统治力量和人民意愿的观点(色诺芬提过关于君主制的定义④)、财富与贫穷⑤ 以及无视律法和尊重律法的各种观点。⑥ 这些分类依据的要素将政体分成君主制、僭主制、贵族制和寡头制以及两种形式不同、名称相同的民主制。在这六种政体中,君主制和贵族制居首位,随后是两种民主制,最后是寡头制和僭主制。无独有偶,在《政治学》与《法篇》中,哲学家没有采用《理想国》中的排序,却也偏好民主制胜过寡头制。

柏拉图采用了通用的分类方法,并加入了伦理学方面的考虑,将较好政体与较差政体区分开。

亚里士多德沿袭了柏拉图的政体六分法。在《修辞学》和《伦

---

① 4.715 B。
② 参阅乔维特:《柏拉图》,第 5 卷,第 xxxvii 页。
③ 291 D。
④ 《回忆苏格拉底》,4.6.12,"征得人民同意并按照法律治理的是君主政体";相反的是"僭主政体"。
⑤ 使用贫穷和富有区分民主制与其他政制并不是一件容易辨别的事情。
⑥ 这个分类依据的要素同见色诺芬的上述引文。

理学》中，这个话题只是附带的，服从于主话题。我们也许能够接受《政治学》中哲学家所代表的更精确和更成熟的分类，在其他作品中出现的定义或许还需要讨论它们之间的区别。在《修辞学》中——这是三本著作中最早的一本——他认为演说家必须考虑政体的"利益和法制"，他实际上采用了色诺芬记载下的苏格拉底的分类方法。①除了君主制和寡头制这两种形式外，他仅仅提到了民主制的一种形式，并且武断地下了定义——它是一种凭借抽签选任官员的制度。在《伦理学》中，②他谈论了友谊，以及在《政治学》③中命名的六种政体形式，但是在定义上又有一些差别。最后，他定下了分类依据，这些依据让他把这六种政体区分成三种"正宗政体"和三种"变态的政体"或者"堕落的政体"。④

他通过最终的区分将变态的政体从正宗政体中区分出来。在这些变态政体中，统治者为了自我利益独断专行，而在正宗的政体中，统治者是为了人民的善施行政治统治。⑤我们在早期作家的著作中发现了描述这种区分的蛛丝马迹。⑥这种区分就在于到底是统治者的个人利益重要，还是城邦的公共利益重要。康德分析了城

11

---

① 《修辞学》，1.8，1365。"贵族政治"的定义与色诺芬给出的相符合（《回忆苏格拉底》，4.6.12）。我在下文第6节中讨论。

② 8.12，1160。"政体"（πολιτεία）作为"荣誉政制"（τιμοκρατική）的定义不同于"政治"（*Politics*）的定义。

③ 3.6—9。

④ 参见《伦理学》上述引文。柏拉图已经提出了"正常的"和"变态的"政体的概念，尽管他认为所有的实际政体与理想相比都是变态的。参见《理想国》，5.449 A，"极端的政体"和"恶的"；《政治学》，302 B；《法篇》，4.714 B。

⑤ 《政治学》，3.6，1279 a 17。在《伦理学》中，这种分类方法适用于君主制，而且在寡头制的描述中也有暗示。

⑥ 参阅修昔底德：《伯罗奔尼撒战争史》，3.82，"他们要么通过不公正的判决，要么通过暴力占据上风，来满足自己的欲望"；伪色诺芬：《雅典政制》，1.13，"他们的讲话不公正，做事不清廉"。柏拉图在苏格拉底与色拉苏马库斯的对话中指出了这一区别（《理想国》，1.338 D，342 E）。参照《法篇》，4.715 B，"法律如果不是为了整个城邦的共同利益，就不是真正的法律"。也参照伊索克拉底：《演说辞》，12.132。

邦的起源，他认为这是反对社会联合和社会分裂的趋向性以及民众同情和个人利益的共同结果。①拿破仑三世也注意到了这种相同的对比。他说，在每个国家都有两种相对的利益，即民众的利益和个人的利益，也可以说是永久的利益和短暂的利益。②政治家最困难的莫过于调和特殊利益与共同利益，在《政治学》这部政治家实用宝典中，亚里士多德坚称这一点是正确的。然而，统治者的动机几乎不可能成为一个区分政体差异的标准。孟德斯鸠提到亚里士多德对君主制的定义，亚氏将它分为五类；而且他并没有通过政体的形式来区分它们，而是通过一些偶然的因素，诸如王的善德和恶习，或者一些外在的因素，诸如篡夺或者继承的僭主制。③我们不能告诉前人政体应该具备什么样的伦理特征，政府的分类应该考虑到政体形式，而非统治者的性格。更有甚者，这种原则将亚里士多德带入了前后矛盾的境地，④而且他也认识到了如此分类不恰当，所以他在对政体分类时进行了详细的表述，他采用的是正式的而非考虑道德要素为主的分类原则。⑤

　　亚里士多德用又一例证作为支撑，他将共同的利益（common advantage）与正义等同。⑥追求正义的城邦就是正宗的政体，漠视正义的就是变态的政体。如果我们像米尔（Mill）那样，将正义定义为

12

---

① 参阅纽曼：《导论》，第 33 页。

② 参阅《拿破仑思想》（英译本，1840 年），第 21 页。亚里士多德在定义上并非非常精确，他并未区分短暂利益与永久利益。"他并未注意统治者的施政不仅要为当代人的共同利益考虑，还要为未出生的下一代考虑。"（纽曼：《导论》，第 252 页，注释 1）

③ 《法意》，BK 11，第 9 节。

④ 因此"统治者"（αἰσυμνητεία），基本上是一个为了共同利益的政府，亚里士多德：《政治学》，3.14，1285 a 31 中的"僭主"（τυραννίς）。

⑤ 因此"政体"（πολιτεία，"常态"民主制）被定义为要么是拥有武器的政府，要么是混合民主制和寡头制的政体。甚至"贵族政治"也可以被纳入正式的定义中。见下文第 6 节。

⑥ 《政治学》，3.12，1282 b 17；13 1283 b 40。修昔底德和伪色诺芬也与他持相同意见。可见前页注释 11（因注释方法不同，原文实际是 29）。

公正的司法，那么我们将采用习惯法的城邦与漠视法律的城邦分离开了。①其他作家也看到了这种区别，②并且把这种方法用来区别专制政府与法治政体（重视法律平等）。③因此，僭主制、极端寡头制和极端民主制包含了专制的因素，与律法的观念不同，而王权和更为温和的寡头制和民主制（包括贵族制和"共和制"）都是以崇尚律法和正义为特征的。④

在我们的分类日趋完善之前，另一情况也需要考虑进来。有些政体可能是混合的，包含的特征也不是一种政体类型所能全部包含的。

这样的政体受到了哲学家们的热烈赞扬。在希腊，政体发展的总趋势是趋向于寡头制和民主制的混合，在公元前 4 世纪，极端政体几乎随处可见。⑤但是，在民主制的演变过程中，政体也在经历从旧式贵族制锻造成为新式民主制的阶段，在一段时间内，温和的政体得到了接受。因此，雅典的梭伦政体被描述成得到了广泛的认可；⑥同样，也能够解释人们对莱库古政体的大加赞赏了。⑦修昔底

---

① 亚里士多德强调了法律的至高权威（《政治学》，3.11，1282 b 2）。色拉叙马霍斯（柏拉图：《理想国》，1. 338 c）把正义定义为"强者的利益"（即统治者的利益，而非城邦的利益）。柏拉图：《理想国》，4.433 A 把它定义为"每个人执行一种最适合其天性的职务"（即专门职能的正确分配和履行）。

② 修昔底德：《伯罗奔尼撒战争史》，3.62，对比"优良法治的寡头政体"和"不讲法法的寡头政治"。参照色诺芬：《回忆苏格拉底》，4.6.12。"法治"和"不讲法治"在柏拉图：《政治学》，291 E 中的宪政相区分。

③ 在亚里士多德：《政治学》，6.4，1292 a 32 中，区分得较为清晰，"在法律失去权威的地方，政体也就不复存在了。法律理应具有至高无上的权威，而各种官员只需对个别的特例进行判决，这是一个政体的职能"。在 3.4，1277 b 9（"共同统治"）和 8，1279 b 16（"专制统治"），这两种形式用通常使用的名称来描述。

④ 遵守法律的政体并不都是常态。如果政府的基础是恶的，那么是否遵守法律只能用来区别变态的程度。

⑤ 可见第二章第 27 节。

⑥ 引用亚里士多德：《政治学》，2.12，1273 b 38；伊索克拉底：《演说辞》，12.131（"富有贵族的民主政治"），柏拉图：《法篇》，3. 698 B。

⑦ 斯巴达政制被看作是所有政体的结合体。见下文第 3 节，注释 15—20，并参照伊索克拉底：《演说辞》，12.153（"贵族性质的民主制"）；波利比乌斯：《通史》，6.10.6。

德以他一贯公正的态度赞扬了公元前411年雅典建立的混合政体；①柏拉图在《法篇》中建立了一个混合民主制、寡头制和贵族制的理想城邦；亚里士多德在第六卷中用大段篇幅描述混合政体，并认为混合政体更具有正义和稳定性。②

　　这种考虑并不会使我们扩展分类方法。尽管一些政体与梭伦的类似，但也包含了其他不同因素，然而定义它们的特征还较困难，我们发现，在多数政府中，某些社会因素占主导地位，因而我们能够将每个政府归到一般分类中。

　　综上所述，我们大体上接受亚里士多德的分类方法。统治阶级可能是一个人、少数人或者多数人，而且这些统治者要么独断专行、无视法律，不让其他人参与统治；要么依照政体统治，适当遵守法律，接受其他统治者的影响。这种分类仅仅适用于城邦社会，尽管政治条件不同了，民族国家取代了城邦政治，但现代的政治科学对亚里士多德的分类与定义也几乎没有做出更多的贡献。③

①　8.97.2。
②　《政治学》，4.8，1293b；9，1294a。对照12，1297 a 7，"一个政体中各个部分或要素愈是融洽，这个政体就愈是持久"。塔西佗（《编年史》，4.33）持有不同看法。参照西塞罗：《共和国》，1.29.45。
③　布伦奇利(Bluntschli)：《政治学理论》，第311页，同意亚里士多德的分类，但增加了"理想主义"和"偶像主义"，政体中的最高权力已被归因于某些神圣的存在或一个想法。行使权力的人被视为一个看不见的统治者的仆人和副摄政官。有人提出，权力实际上是由一个或多个人掌握的。正如布伦奇利所说，这两种形式都涉及牧师的统治。我们可以公平地将这种政府视为神权君主政体或贵族政体。

第三节　一般意义的寡头制

出于实际考虑，如果我们从一般意义上使用这些术语，而没有任何伦理上的意味，那么，对于希腊政体的研究可能受限于寡头制和民主制这样的术语。正如亚里士多德所说，对于这些普遍流行①的政体，许多希腊人粗略地将其分为民主制或寡头制。②僭主制并没有被看作为一种政体，只是合法统治的暂时中断③：而君主制在整个古代政治理论中，只是一种贵族制度的形式，没有其自身独立存在的基础。④在实践中也是如此。因为君主制（被定义为自愿臣服的人的政府）需要得到贵族阶层的同意与支持。希腊贵族制的产生，意味着最高权力从王转到贵族身上，但是许多城邦的王实际上都有名无实。⑤因此，不考虑在希腊半野蛮化和落后的城邦实行的君主制，亚里士多德将君主仅仅看作是一种终身行政官。⑥但是没人把斯巴达政体看作君主制，因为它有两个世袭的终身行政官。

① 《政治学》，8.1，1301 b 39，"最可能出现的政体是平民政体和寡头政体"。
② 参阅亚里士多德：《政治学》，6.3，1290 a 15：通常定义为寡头制（包括贵族制）和民主制（包括共和制）。
③ 亚里士多德：《政治学》，6.8，1293 b 29，"其他各种政体都是这些正确政体的蜕变"。
④ 亨克尔(Henkel)：《希腊国家教学史研究》，第 57 页。参阅奥斯丁：《判例法》，第 6 卷。"有限君主制并非君主制。这是贵族制的一种无限形式，由于这种无限模式，其中君主的数量分享君主的权威。"亚里士多德把它定义为贵族制（《政治学》，3.16，1287 a 3，"建立于法律之上的君主制不能算作政体的一种形式"），除了理想的"家长君主制"(παμβασιλεία)形式(3.14，1285 b 31)。
⑤ 参阅第 24 节。
⑥ 亚里士多德：《政治学》，3.14，1285 a 6，"这样的君主就像是一名无须听命于他人的、终身任职的将领"。

第一章　政体分类：寡头制的主张与特征

因此，对君主制和贵族制进行分类后，再加上不考虑僭主制，我们还余下少数人和多数人统治的政府：一方面是寡头制和贵族制；另一方面是民主制和共和制。共和制（下文将详细论述）要么是一种温和的民主政体，要么是一种混合了寡头制和民主制元素的混合政体。因此它构建了寡头制和民主制直接的联结，而且在一些政体中，这些元素的混合相当完整，以至于相同的政体会被同时冠之以寡头制或民主制不同的名称。①换言之，在寡头制和民主制之间并没有明显的界线，而关于某些特殊政体的定义，也存有分歧。因为在当时，由统治阶层的人数决定政体的分类所属，有些被看作寡头制的政体，在他人看来却是民主制，②而且正如亚里士多德所言，在他生活的年代，被叫作共和制的政体，早些时候被看作是民主制。③

所以，我们需在给寡头制定义时更为精确。正如"寡头"二字，起初代表的是少数人的政体，就算这个少数也是从多数人选出的。④一般情况下，"贵族制"也被用来指代相同的政体，⑤并且采用了"王朝"这个词。⑥然而，通过伦理特性区分政体的人将贵族制看

17

18

---

① 亚里士多德：《政治学》，6.9，1294 b 14。
② 参阅奥斯丁：《判例法》，第 6 卷。
③ 《政治学》，6.13，1297 b 24，"现在所称的共和政体，过去曾被称为平民政体"。叙拉古是一个好例子。修昔底德（6.39）清晰地表示了他把公元前 415 年的政体看作是一种民主制；亚里士多德（《政治学》，8.4，1304 a 2）将其看作共和制。术语"政体"（πολιτεία）似乎被普遍用作对民主政治的恭维描述。参照亚里士多德：《伦理学》，8.12，1160 a 33；哈尔波克拉提昂；德摩斯提尼：《演说辞》，15.20；伊索克拉底：《演说辞》，4.125。
④ 希罗多德：《历史》，3.80，使用"最优秀者"的"寡头制"政府。亚里士多德：《政治学》，8.1，1306 b 24，把贵族政制定义为一种寡头政制；6.3，1290 a 16，通俗的定义包括"寡头"头衔下的贵族。见普鲁塔克的上述引文，使用"寡头政治"表示一种好的形式。
⑤ 柏拉图：《理想国》，1，338 D 中的色拉叙马霍斯。修昔底德：《伯罗奔尼撒战争史》，3.82 声称"有节制的贵族制"是寡头们的口号；但他在 8.64 一般意义上使用"贵族政体"。参照色诺芬：《希腊史》，5.2.7，"曼提尼亚实施了贵族政体"。
⑥ 柏拉图，《理想国》，291 D。这里是指狭隘的和独断的寡头制。

作是少数人的善的政体形式,将寡头制看作是恶的形式,尽管这种用法也常出现前后矛盾的情况。①

仅仅从数量上考虑,我们会把寡头制定义为这样的政体:最高权力由特权阶级把持,他们是城邦自由人总数的一小部分。②为完善定义,我们需要考虑特权的基础,还要排除下面这个情况。通过阶级划分区别希腊政体比较复杂,但现实情况也确实有过。除了奴隶之外,在许多城邦中还有自由人没有被考虑到,而这个阶级在定义政体的特征时是必须考虑进去的。若这样做,则让我们与一些古希腊作家发生冲突。希腊人的政治理论既不清晰且前后也常矛盾,我们有个关于这种模棱两可态度的显著事例,那就是他们对待斯巴达政体的方式。

19　　斯巴达公民相对于拉科尼亚的自由民只是相当小一部分人口,他们不仅统治希洛人(奴隶),还统治庇里阿西人(无公民权的自由人)。古希腊作家,因为对拉开代梦的制度不了解而产生了不同概念。有些作家排除了庇里阿西人,有些将其考虑进去。③从亚里士多德那里得知,多数作家把这种政体叫作民主制,其他人将其看作寡头制;④据其所说,这是寡头制、君主制和民主制的混合,⑤而且他也将其看作是贵族制和民主制元素的一种混合政体。⑥伊索克拉

---

① 亚里士多德在三段中(以上引用)使用这些术语。柏拉图:《理想国》,301 A 用"荣誉政体"来表示第一次偏离理想的"贵族政制"。色诺芬:《回忆苏格拉底》,4.6.12 用"富人政治"(πλουτοκρατία)表示普通的寡头政治;见普鲁塔克的上述引文,使用"寡头政治"(δυναστεία)。

② 弗里曼教授:《比较政治学》,第 194 页,将寡头政治定义为"政治权利只属于享有公民权利的人的一部分"的政体;他至少应该说是少数人。

③ 伊索克拉底:《演说辞》,12.178 称呼庇里阿西人为"民众"(δῆμος),好像他们是斯巴达寡头制的一个组成部分。另一方面,亚里士多德《政治学》2.6,1270 b 18)将其看作斯巴达公民。

④ 《政治学》,6,7,1294 b 19。

⑤ 《政治学》,2.6,1265 b 35。

⑥ 《政治学》,6,7,1293 b 16;对照 2.9,1270 b 16(属于元老院的权力),"由贵族政体沦为平民政体";柏拉图:《法篇》,4.712 D。在《政治学》,8.7,1307 a 34 和 12,1316 a 33 中,亚里士多德把斯巴达政体描述为贵族制的。

底在其《泛希腊集会辞》中，把莱库古政体看作民主制和贵族制的混合；①但在其另一著作中，他却说拉开代梦人是在寡头制的统治之下。②恰恰是希腊作家的这种不确定性和前后不一致性为我们形成自己的定义留下了空间，根据现有的知识，斯巴达政体是一种不同元素的独特的混合政体，我们应避免作出过于精确的定义。它与寡头制政治机构的形式、行政管理的精神，君主权威的践行相似，因此应归于希腊的寡头制之中。而它在某些特定情况下，还被看作是一种贵族制。③

---

① 12.153；参照 7.61，12.178。
② 3.24。
③ 见第 6 节和第 32 节。

第四节　特殊意义的寡头制

　　我现在要着手对"少数人的政体"作更为精确的定义。通常来说,寡头制包含特殊意义的寡头制和贵族制,而共和制,尽管被亚里士多德定义为民主制,有时也被视为少数人的政体,因此也不一定不在考察范围之内。

　　亚里士多德通过其他原则,而非统治阶级的人数原则,将寡头制区别于民主制,而且他还通过增加财产考量这一要素来完善定义。①在任何政体中,只要是财富赋予了公民特权,②不论统治者是少数人还是多数人,该政体都被定义为一种寡头制。③他说,假定一个城邦共有1000名富人,统治300名穷人(不包括没有公民权的人),没人会称这种政体为民主制。④同时,经济能力带来财富的集中,富人为少数,穷人居多。⑤并没有理由说明,财富何以在政体分

---

①　定义寡头制和民主制的困难包括统治阶级的数量和财富这一点,具体讨论在《政治学》,3.8,1279 b。

②　在这篇文章中,我使用了亚里士多德所赋予的严格意义上的"公民"这个词,作为一个拥有政治特权的人:"单纯意义上的公民,就是参与法庭审判和行政统治的人"(《政治学》,3.1,1275 a 22)。亚里士多德引用了其他的定义,但他拒绝接受。在3.7,1279 a 31,他认为参与国家的福利是必要的,但在4.13,1322 a 33,他指的是"与共同体有共同利益的公民",好像这个头衔包括了其他被排除在外的人。正如他所说(3.1,1275 a 3),民主国家的公民不会是寡头政治国家的公民。我们不知道这个头衔是否会授予寡头政治中的弱势阶层。

③　《政治学》,3.8,1280 a 1,"凡是在富人当政的地方,无论他们在城邦中居多数还是少数,一律是寡头政体"。

④　《政治学》,6.4,1290 a 30;同时,亚里士多德(1290 b 15)引用了在科洛丰的例子,那里多数居民都富有财产,因此拒绝把共和政体归到寡头制名下。

⑤　《政治学》,6.4,1290 b 2,"平民政体是自由人当权的政体,寡头政体是富人当权的政体,而前者占多数后者占少数只不过是偶然,世上原本就是自由(转下页)

类中如此重要的原因;但是,回顾历史事实,希腊城邦的政权既在富人、也在多数人手中把持过,如果我们除去旧的、传统的贵族制不谈,所有为亚里士多德所知的政体,不是建立在财富(寡头制的定义原则)就是建立在自由(民主制的定义原则)的基础之上。①

《政治学》中的定义与希腊人的一般理论还是一致的。在《伦理学》②中,亚里士多德所说的"财富与权势"③是寡头制的基础:在《修辞学》中,他说寡头制是一种由那些能够影响政府财政的人统治的政府。④色诺芬使用富裕阶层统治这样的术语,其定义是相同的。柏拉图在《理想国》中使用了相同的描述,而且进一步阐释了富有阶层对政治统治权的掌握,而贫困阶层则不能分享统治权。⑤ 在《理想国》中,他把贵族制和寡头制看作是富人的政体。因此,财富被看作寡头制的本质条件。

22

(接上页)人多而富人少"。这可以作为最终定义。无论是对于所需财富的多少,还是对于"寡头"人数占人口的比例,都无法制定规则;但很明显,普通寡头们期望政府掌握在少数人手中。就像修昔底德:《伯罗奔尼撒战争史》,8.92.11 表示的那样,雅典的四百人议事会不会任命五千人大会,"如此多的人参与城邦管理,就等同于民众统治",也就是说,将政府交给大约四分之一的公民人口将是"彻头彻尾的民主"。另请参见下一节。

① 亚里士多德:《政治学》,6,8,1294 a 10。
② 我指的是上文第 2 节注释 3 中引用的段落。
③ (笔者将其翻译为"支配地位")用在特殊意义上,我在下文第 35 节注释 7 中讨论。
④ "按财产多寡推选官吏的政体"。
⑤ 8.550 C,"是一种基于财产的制度,政治权力在富人手里,不在穷人手里"。纵观对寡头政治的描述(550 c 至 551 b),柏拉图最强调财富和赚钱。

第五节　共和政体

　　当然也有政府虽然建立在财产资格的基础上，但是不被希腊人视为寡头制。尽管我们不能确定寡头制财产限额的最低额度，但是讨论一般定义的共和制还是需要的。共和制连接了寡头制和民主制，①这样的中间政体通常难以辨别。然而，毋庸置疑，亚里士多德把民主制而非寡头制与共和制相提并论。在第一类政体里，他讲到，这是为实现共同利益的多数人统治的正规民主制。②第二类政体，这是一种混合政体，更加倾向民主制而非寡头制，③或者说这是一种富人和穷人的混合政体。④这两种描述都不能证明共和制与寡头制相关，但是亚里士多德的另一个定义显示，他认为共和制建立在适度的人口普查基础之上，其政权委托到少数人手中。在第三类政体中，他把共和制看作是"拥有重装备的重装步兵"政体，⑤显然，他是指拥有适量财产，能够自我武装充当重装步兵的人。⑥不论直接还是间接，此处都在暗示财产资格，而且亚里士多德的作品

23

----

① 《政治学》，2.6，1265 b 27，"它既不是平民政体也不是寡头政体，而是倾向于两者之间的形式"。关于该术语的通常使用方法，参见本章第三节第 13 页注释③。
② 《政治学》，3.7，1279 a 37。其他片段也确认了这点，尤其是 6.3，1290 a 18。
③ 《政治学》，6.8，1293 b 33。
④ 《政治学》，6.8，1294 a 22。
⑤ 《政治学》，2.6，1265 b 28；3.7，1279 b 3；3.17，1288 a 12。
⑥ 重装步兵服役，不论是一种义务还是特权，通常情况下都不是穷人承担的兵种。亚里士多德：《政治学》，7.7，1321 a 12，提到"在适合重装步兵的地方，可以建立次一种形式的寡头政体"。这是一个粗心的陈述，与他对"政体"（πολιτεία）的定义不符。

第一章　政体分类：寡头制的主张与特征

中也多处暗示了拥有一定财产的人可以成为统治阶级。①最后，在《伦理学》中，他将其定义为"荣誉政体"，建立在财产资格的基础上，换言之，他采用着相同的术语定义寡头制。②

　　共和制被用来指代温和的荣誉政体，即中产阶级的政体。从我们现有较少的资料来看，对重装步兵的普查仅仅承认了少数人是特权阶级。③然而，这个少数人的绝对值却很大，财产资格很适度，亚里士多德拒绝把这种政体归到寡头制术语之下，④但是，除非我们完全接受他的定义，否则我们不能忽略这种与寡头制相似的政体，它们都要求财产资格，但程度不同。

24

---

① 因此，形成政体的一种方法是消除寡头和民主政制之间的分歧（"按照财产"的）；《政治学》，6.8，1294 b 5。在 8.5，1306 b 9，"按照财产"（τίμημα）应该是为了承认"中产阶级"（οἱ μέσοι），而安排了一种"政体"。

② 《伦理学》，同上，"荣誉政体……来自按照财产的政体"，与《修辞学》中对寡头政治的定义相同，也与整个《政治学》中所隐含的含义相同。

③ 贝洛赫：《人口》（Beloch, Bevölkerung），第 70 页（以雅典为例），结论是在伯罗奔尼撒早期，重装步兵与贫民的比例约为 15/16 000 至 19/20 000。如果我们重视吕西阿斯：《演说辞》，20.14（见下文附录 C），在公元前 411 年大概有 9 000 名重装步兵，而成年公民的总数肯定超过两万。

④ 他似乎认为，高水平的人口普查对寡头政治至关重要。因此，在《政治学》，6.11，1296 a 14，他告诉我们，在民主国家中，中等富裕的公民比在寡头政治中的人数要多。参照 3.5，1278 a 22，"在寡头政体中，工人不能成为公民，因为官职对财产有极高的要求"。见上文第 16 页注释⑤。

第六节　贵族政体

希腊政治术语的前后不一致和使用混乱的情况在描述贵族制上演绎得最为彻底。通常，贵族制被描述成几乎等同于寡头制的政体，①哲学家们也使用这个术语描述理想的城邦，②根据亚里士多德所言，贵族制是唯一名副其实的政体。③而在通常使用中，常因为该词十分便利而未被放弃，亚里士多德本人在描述现实政体和理想政体时都采用了这个术语。他把少数人的正宗政体称为贵族制，④并将其与君主制和共和制置于同一水平：他用该词描述过早期希腊贵族的统治，⑤而且《政治学》中有很多的篇幅描述作者所处时期的政体，亚里士多德也当然没有否认它是真正的政体这一称号。⑥

然而，贵族制通常被希腊作家定义为一种道德术语，以至于难以将其降到一般的分类原则中。作为一种少数人的政体，它在政治资格上与寡头制不同。在财产要求上，寡头制讲究适当，贵族制则用"品质"或

---

① 见上文第13页注释⑤。
② 柏拉图：《理想国》，4.445 D，将"贵族制"应用于理想状态，仍然用"荣誉政体"（8.547 D）来描述更好的寡头政治类型，在《政治学》中（301 A）被称为"贵族制"。亚里士多德使用"贵族制"表示最好的状态，但他并不始终如一。
③ 《政治学》，6.7，1293 b 3，"只有由单纯意义上最优秀的人构成的符合德性的政体才配称为贵族政体，而仅仅由相对于某种前提可称善良的人组成的政体就不包括在内"。
④ 《政治学》，3.7，1279 a 34（他在这里使用"共同的利益"，表示他在追随流行的用法）。
⑤ 标题的使用隐含在《政治学》，3.15，1286 b。
⑥ 在第6卷和第8卷中，贵族制经常被称为真正的政体。例如，见8.8，1308 a 3。

"功绩"①或"教育"②来取代,其统治阶级被描述成"贤者"③、"好人"④、"最明智的人"⑤或"最有价值的人"⑥。担任官职的资格与善德保持一致,这种被认为是贵族式的,⑦并且,尽管有些政体在某些方面被看作寡头制或民主制,但又通过一些原则获得了贵族式的特征。⑧

　　如果我们接受一个纯粹道德意义上的定义,显而易见,贵族制仅仅只是一个理想化的情况。在乌托邦,抽象的美德才是检验公民资格的标准,在现实世界中,没有无懈可击的手段来排除卑鄙和无价值的人。在政治关系中,美德必须包含政治相关的及传统的含义和传统的意义,我将继续描述什么样的定义适合实际政体。正如亚里士多德所言,公民的品德与城邦息息相关,⑨而且,从传统意义上讲,公民的品德是指品质,它是一种跻身统治阶级的资格。⑩

---

① 《政治学》,6.8,1294 a 10,"具有美德的贵族统治"。它被一次又一次地定义为"具有美德的"或"公正的"政府。(见《政治学》和《伦理学》的上述引文)

② 关于"教育",见下文注释25—28。

③ 《政治学》,3.7,1279 a 34(提出另一个定义);参照希罗多德:《历史》,3.81。

④ 《政治学》,3.15,1286 b 4。

⑤ 波利比乌斯:《通史》,6.3—10,将贵族定义为参与政府管理的"最公正且最有智慧的人"。

⑥ "公平"(ἐπιεικεῖς,亚里士多德在这方面经常使用的一个词,参见《政治学》,3.10,1281 a 28;12,1283 a 16),它难以翻译,因为它似乎结合了道德感(公平、合理)和一种社会功用(体面、正派)。

⑦ 《政治学》,6.7,1293 b 10,"这种政体与上述两种都不同,所以获得了贵族政体的称谓";对比 2.11,1273 a 25。执政官的当选如亚里士多德:《政治学》,8.2 所描述的那样(参见 Philoch,58;《希腊历史残篇集》,1.394),是贵族化的过程,在意图上是贵族化的。

⑧ 参见《政治学》,8.7,1307 a。梭伦式的民主政治被认为具有贵族性质(伊索克拉底:《演说辞》,2.37);伯里克利所主张的得到充分发展的民主具有同样的特点(修昔底德:《伯罗奔尼撒战争史》,2.37)。

⑨ 《政治学》,3.3,1276 b 30,"倘若政体有多种形式,显然一个良好的公民不能以惟一的一种德性为完满"。对比 6.7,1293 b 6。

⑩ 很明显,"美德"(ἀρετή)的用法是有限制的;亚里士多德(《政治学》,3.12,1283 a 20)提到"公正"(δικαιοσύνη)和"政体的美德"是"公平"(贵族政治统治阶级的)的特点。色诺芬:《拉开代梦政制》,10.7 间接提到了"政体的美德"。所以孟德斯鸠(《法意》的序言)在绝对武断的意义上使用美德。

从这个意义上讲，它具有权力的属性，而且这个品质通常暗示的是
战士和统治者品质。从历史视角看，这种品质在早期政体中只在
仅有的几个特权家族中出现，那些在战争中起到最重要作用的家
族有权分享政府的权力。①世袭家族传递政治权力，标志着政体发展
进入又一个阶段。他们称之为贵族制，统治者霸占"贤良"和"善德"；而
且希望他们的人民可以这样看待和传颂他们。②在社会阶层的绝对分
离中，用品德③来识别权力是自然的，在一定程度上也是合理的。④

　　许多权力被限制于某些特权家族的政府，在后世中幸存下来，
除非它们沦为我们所知狭隘的、压迫型的"王朝"，⑤便自然而然地
被描述成贵族制。如果我们考虑这个词的历史背景的话，乍一看，
很奇怪，因为亚里士多德在定义贵族制时并没有引入贵族出身这
一条件。但是，在多数城邦，希腊人的政治发展也经历了一个趋
势，政权的传递从依据出身，到财富再到统治阶级的人数。在其他
城邦，贵族出身条件仍然被保留下，政体也变得更加狭隘和专制。
而贵族出身实际上已经失去了魅力，尽管亚里士多德没有忽略其
政治重要性，但他还是更喜欢用"品质"这个术语来定义贵族制，这点
在多处都有暗示。因此，他将这种品质定义为世袭的道德⑥或道德和

27
28

---

①　"美德"在更多人中的传导导致了贵族制度的建立；关于这些政体，见第 24 节。

②　甚至在荷马和赫西俄德那里也发现了用道德头衔来表示社会阶级的现象。这
不需要说明。比照格罗特：《希腊史》，第 2 卷，第 64 页，"善良和正义的称谓是
委婉语，源于顺从和恐惧。"

③　参见德·帕里乌：《科学政策》，第 56 页，"亚里士多德的宗教信仰是政府加上政
治的产物。"

④　弗里曼：《比较政治学》，第 266—7 页，"在贵族的公共利益中……有一种东西，
它不需要太多的语言来召唤最好的规则。从道义上讲，最好不能说，但迄今为
止，最好的是，政府的财富被分割给一个由排他性家庭组成的圈子里，这些家庭
至少知道如何进行统治，以及从一代人到另一代人如何掌握统治的技艺。"沃
德·福勒先生在《城市国家》(Mr Warde Fowler, The City State)，第 93 页及以
下，贵族的功绩更高。

⑤　见第 35 节及以下。

⑥　《政治学》，3.12，1283 a 36，"家族的美德"。

家族财富的联合:①而且,在解释寡头政体的种类时,他列举的贵族品质包含财富、显要的出身、美德和教育。②在这些品质中,财富是寡头制的特征,显要的出身是属性之一。正如我们看到的那样,美德代表统治阶级的特定品质,但是教育则是新增的一个元素。

我们没有例证能够说明教育与公民权资格的关系,但是在希腊某些城邦的统治之下,一套严格的培训体系得以保存,其中以斯巴达和克里特最为著名③。这种培训按照传统的规则进行,并灌输爱国精神和服从精神,以此使公民适应他们所承担的战争义务,这被看作是一种富有成效的"政治美德"④。因此,建立在这种培训体系基础之上的政府一般被定义为贵族制,而且他们的特征为亚里士多德和色诺芬为贵族制下定义提供了事实依据。⑤

---

① 《政治学》,6.8,1294 a 21,"美德和先辈的财富";8.1,1301 b 3,"先辈的美德和财富"。值得注意的是,"美德"和"祖传的财富"是品达经常提到的在奥运会上取得成功必不可少的品质,在他那个时代,这是希腊贵族家族的雄心壮志。

② 《政治学》,6.4,1291 b 28,"财富、出身和门第、美德、教育"。对比 6.12,1296 a 17,一个国家的"质量"要素被描述为"财富、教育、出身"。狄奥多鲁斯:《历史丛书》,1.28.5,把尤帕特里德斯家族定义为"在受教育上最好的",将贵族的一个常见特征归于他们。

③ 斯巴达和克里特都在国家控制下保持着严格的训练体系。我们不知道这样的制度是否在其他地方得以维持,但很有可能是一些多利亚殖民地(如锡拉)和一些较小的多利亚国家(如埃皮道鲁斯)实行了这种制度。

④ 忽略了斯巴达的特殊证据(见下文第 32 节),亚里士多德:《政治学》,6.7,1293 b 12,谈论国家使得"美德为所有人的目标"。对比 3.12,1283 a 25,关于"教育"和"美德"的关系。希克斯(Hicks)先生在他的笔记中说亚里士多德互换使用这些词。

⑤ 色诺芬:《回忆苏格拉底》,4.6.12。在一个贵族政体的国家里,任命了许多"合乎法律规定的人"。(这些是训练的规则)亚里士多德:《修辞学》,1.8,1365 b 34 采纳并扩大了这一定义。对比《政治学》,6.15,1299 b 25,"受教育者"被描述为贵族中的统治阶级。我们可以比较柏拉图和亚里士多德在理想状态下对教育的重视程度。也参照埃福鲁斯:《历史》,67,《希腊历史残篇集》,1.254,他把波奥提亚人的失败归因于他们没有"接受培养"(ἀγωγή)或"教育"(παιδεία)。

　　这个简要的调查足以说明，希腊贵族制概念确实允许我们采用正式的分类标准。基于出身或培训的政体都可以列入"美德政府"。而且，由于培训体系通常只在特权阶层内维持，因此，希腊贵族制的定义在应用于实际时，与我们的定义并无严重分歧。

30

第七节 贵族制、寡头制和共和制

我现在总结"少数人的政府"的三种术语的定义。我们可以把建立在"美德"基础上的贵族制和建立在财富基础上的寡头制进行根本性的区分。强调这种差异并无必要。关于讲求出身和教育的传统贵族制,其起源已迷失在神秘的传说时代,后来得到社会和宗教特权的保护,使其免于发生变革。它们远离商业,全民生活皆为战争做准备。①

除了传统的贵族政体,在所有建立在财富基础上的寡头制中,也许有些确实在没有暴力的情况下得到了发展,但是多数政体都是革命的产物,是为了满足社会需求,或是创立第一个商业殖民地的结果。财富基础是该政体的一个原则,也是公民的努力目标。多数自由民,因为财产资格不够,而被剥夺公民权,同样地,政府也是被少数人统治,他们通常努力限制统治者的人数。如果把它与建立在更为公正的基础上的共和制相比,它们驱逐穷人,并把财富看作进入特权阶级的主要条件,但是与寡头制不同的是,它们不需要许多人,公民团体中包括的人数却多得多。

31

---

① 我说的是完成了政体发展后的贵族制。早期希腊和殖民地都有许多贵族积极从事贸易活动。

第八节　寡头制和民主制的基础

据亚里士多德所言,所有政体都建立在正义和公平的基础上;①换言之,他们必须具备政体所要求的一些资质,这些资质形成特权的基础,从一些方面讲,所有公民和以公民身份行事的人都是平等的。②民主主义者根据他们对自由的主张声称,城邦的所有自由民都是平等的。③然而,平等不仅仅是数字的问题,城邦建立在"品质"之上,也要求"数量"④。给予特权者权力,和拒绝让人们平等享有权力一样,都是不公正的。⑤孟德斯鸠对这个问题进行了较好的阐释。他说:"总有一些人因其出身、财富或荣誉而出类拔萃,而如果把他们与普通人混淆在一起,让他们像普通人一样,只拥有一张选票的分量,对于普通人而言的自由,对于他们就如同奴役一般,他们也就不会有兴趣支持它了。因此,在立法上,他们应该占有与国家中的其他优势相称的份额。"⑥

32

---

① 《政治学》,8.1,1301 a 26。

② 《政治学》,6.11,1295 b 25,"一个城邦应该尽可能由平等的人构成,中产阶级符合这种特征"。对比伊索克拉底:《演说辞》,3.15,"寡头政治集团和民主政治集团都在与他们分享政治的团体之间寻找平衡点,它们遵循着每个人都没有超越他人的权力的原则,这个原则并没有实际意义"。

③ 见下文第 9 节。

④ 《政治学》,6.12,1296 b 16,"所有城邦都有品质和数量两方面的要求";8.1,1301 b 29,"平等有两种:数目上的和价值上的"。

⑤ 《政治学》,3.9,1280 a 11,"公正被认为并非是对所有人而言的,而是对于彼此平等的人的"。也见柏拉图:《理想国》,8.558 C(民主政治),"不加区别地把一种平等给予所有人,不管他们是不是平等者"。对比伊索克拉底:《演说辞》,3.14,"针对不同的人不能用同等方式对待"。

⑥ 《法意》,第 11 卷,第 6 章。这与亚里士多德的政治正义理论相对应。参照亚里士多德:《政治学》,8.3,1303 b 6,"在平民政体中是显贵起来发难,因为他们原本不与他人平等,却只享受到了与人平等的权利"。

　　主张享有平等特权的三种品质分别是自由、财富和美德(后两者融为一体就是显要的出身①)。但是出身和美德较为少见,因此民主制和寡头制成为政体中常见的类型。②问题仅剩下与自由和财富需求的对立。追求平等的民主主义者尊崇自由,给自己冠上绝对平等的称号:在财富上突出的寡头执政者把自己看作是优越的,因此希望在城邦中获得一些优势。③因此,这是场主张平等与不平等两个对立阶级的竞争,换言之,这是多数人与财富之间的角逐。④

　　寡头制和民主制的需求分歧是不可调和的:二者都宣称拥护不可剥夺的权力,由于双方都不可能对争端做出妥协,我们如果追溯党派间的争论,会发现它贯穿希腊历史始终,痛苦而持久。

33

---

① 《政治学》,6.8, 1294 a 19。
② 《政治学》,8.1, 1301 b 39。
③ 《政治学》,8.1, 1301 a 29。
④ 《政治学》,7.3, 1318 a 18,"平民主义者说多数人认可的东西才是公正,寡头主义者说多数有钱人认可的东西才是公正……两种情况下都有不平等和不公正"。

第九节　民主制的特征

如果一点都不考虑民主派的理论,就不可能对寡头的观点有一个公正的认识,虽然民主派的理论被寡头如此强烈地抵制。民主制建立在两大原则——"自由"和"平等①"的基础上。自由可以解释为自由的出身(民主制统治下的所有公民都是平等的)②。但是这个术语被赋予了更多的含义。它暗示了自由民在城邦管理中有了话语权,不再一味地屈从于更高的阶级:事实上它是一种多数人的自治政体。③同时,它包含更大程度上的自由和不受限制,这也是希腊民主制不同于其他政体的重要特征。④

34　　首先,平等意味着行使权力时,多数人的话语权应占优势。⑤亚

----

① 《政治学》,6.4,1291 b 34("自由和平等")。参见修昔底德:《伯罗奔尼撒战争史》,2.37("平等……我们自由地处理公共事务");德摩斯提尼:《修辞学》,21.67。

② 纽曼:《导言》,第 248 页,注释 1。

③ 我在文中给出的定义得到了亚里士多德的佐证,《政治学》,7.2,1317 b 2,"自由的一个方面就是轮流地统治和被统治",对比 1317 b 11,"自由的另一个方面是一个人能随心所欲地生活"。"自由"经常意为"人民自治",而"奴役"表示服从统治阶级。参见伪色诺芬:《雅典政制》,1.9,"严禁平民进入议事会……不许发表意见和投票(成为寡头政治的臣民)"。对比伪色诺芬:《雅典政制》,3.11。参考修昔底德:《伯罗奔尼撒战争史》,8.68.4,(在这里,"自由"等于自治),并比较 4.85;6.40.2;色诺芬:《希腊史》,2.3.24;柏拉图:《理想国》,5.463 A B。

④ 见注释 3 中所引亚里士多德以及《政治学》,9,1310 a 30,"平等在于大多数人的意见处于主宰地位"。柏拉图:《理想国》,8.562 强调民主国家的过度自由。参见修昔底德:《伯罗奔尼撒战争史》,2.39;7.69("在那里每个人的生活都不受约束");德摩斯提尼:《演说辞》,25.25。见第 12 节 36 页注释⑤。

⑤ 亚里士多德:《政治学》,8.9,1310 a 28,民主政治被定义为"权力属于大多数人和自由原则"。对比 7.2,1317 b 5—10。

里士多德对集体智慧给予了高度评价，①它是民主制的普遍原则："政府需要得到公民的积极认可"②。但是，民主制也趋向坚持第二个原则，而且是更加重要的原则："任何一个自立、守法的公民通常都能够胜任城邦政府的工作。"③这个原则在希腊民主制中运用得较为有限，但是亚里士多德也指出了允许人民参与政府管理的危险。④修昔底德代表伯里克利断言，在雅典，虽然贫穷不妨碍公共服务，但人们对"美德"（用这个词反对寡头制与它之间的联系⑤）的要求被提升为对荣誉的追求。阿泰纳戈拉斯在定义民主制时，把特权归因于财富和智慧，只把集体决策留给人民。⑥之后，我们看到，民主的平等观念在一定程度上被接受。然而，从本质上看，人民应该在公民大会和陪审法庭上拥有集体的权力，所有公民皆可平等参与政治事务并且受到认可，这种情况仅仅在更为高度发达的民主制中可见。⑦民选原则给了有智慧、有能力的人一个更好的机会，也避免平等理论在逻辑上的谬误。但是，尽管在所有政体中，都有一些公职（而且这些公职通常是最重要的）是选举产生的，但采用抽签法则意味着所有公民在履行其行政官职责方面具有绝对平等的资格。抽签是平等原则得到承认的标志，它被视为民主的一个重要特征，因此一些学者将其引入了这个政体的定义中。⑧

①　《政治学》，3.11，1281 a 40。
②　西奇威克：《政治要素》(Sidgwick, *Elements of Politics*)，第 584 页。
③　西奇威克：《政治要素》，第 584 页。
④　《政治学》，3.11，1281 b 25。
⑤　2.37。
⑥　6.39。这确实是对温和的、未完全发展的民主制的描述。
⑦　我应该说，我在这里指的是选举方法，而不是公民的任职资格。无论如何，民主制的一个普遍特点是，大多数行政官都应选自"所有人"。参见亚里士多德：《政治学》，7.2，1317 b，关于这一点，并且有的是关于民主制的一般特征。
⑧　在《修辞学》，1.8，1365 b 32 中，亚里士多德把民主定义为"官职通过抽签分配"的宪政。参照希罗多德：《历史》，3.80，"各种职位都由抽签选定"。

第十节　寡头制的特征

　　我开始考虑寡头主张权力的依据。民主派主张所有自由民应享有平等的权力来决定城邦的政策,还有轮流或代表行使城邦积极义务的机会。与贵族制同样的寡头制,则主张只有部分城邦公民具有承担政治义务的资格或依法行使政治权利。他们进行了这样的假设,特定阶级或许通过出身和财富,或出身和教育,或仅仅是财富来判断谁适合当统治者,谁又不适合。在贵族制统治期间,统治者的权威未曾受到质疑。他们通过根深蒂固的阶级划分将自由民分离出来:他们通过命令神化统治,并且只有他们明白政治的奥秘。在这样的社会中,只要统治者的权威不受到挑战,他们的统治权就无需作任何解释。这样,也就难以想象还有什么权力分配了。①

　　但是,随着时间的推移,其他社会势力逐渐成为主导:特权的基础被扩大;财富取代了出身,寡头把自己视为贵族统治者的继承人,并且主张凭借财富独占统治权。寡头的这种主张受到了挑战。有一种神性保护着贵族制不受侵犯,它所以能留存下来,是因为没有受到攻击。但寡头制在贵族制衰落的过程中成长了起来:它通过武力赢得了它的地位,也必须通过武力来维持下去。"出现分歧的时代"以旧政体的首次崩坏开始,因此政体不得不为生存而斗争。那么,寡头制是如何辩护的呢?寡头们重申了贵族的主张。财富和权力使他们处于同等水平,他们并不承认其他方面的差异。在早期,"少数人"掌权,在每个城邦,"少数人"都是"智慧的人",是

---

　　①　关于早期贵族制及其向寡头制的过渡,见第二章第24节。

比"多数人""更好的人":"智慧的人"和"善德的人"生来就统治"低贱的人"和"卑鄙的人"。在这个理论下潜藏了致命谬误,它将少数的富人等同于少数的智者;但它是典型的寡头的观点,并为寡头文学作品增添了色彩,尽管它被民主派拒绝并逆转了。

第十一节　寡头的物质条件

38

　　从寡头的自我赞美中可略窥他们的心态，但这与他们的统治需求关系不大。他们的要求既有物质方面，也有道德方面。关于前者，他们认为无论是个人还是财富都更有资格为城邦服务，为了颠覆当时的说法，他们辩解道，财富既带来了权力，也带来了义务。正如我们所了解，雅典的税收负担多由富人承担，而且我们总结出，在寡头制城邦中，富人是城邦税收的主要贡献者。①我们只需考虑"税收和代表"这样的词语在现代世界的巨大影响力，就能认识到，对寡头来说，这一事实似乎构成了一种不可取消的统治权，我们能够找到许多相关事例。②

39

　　富人还以重装步兵的个人身份服务城邦，而穷人参与战斗，几乎不是以个人的身份，或者说只是轻装步兵而已；所以事实是，穷人不能在战争中保家卫国，寡头据此将他们永远排除在特权之外，他们也无法争辩。③即使在今天，许多人都认为在国家需要的时候

---

① 在亚里士多德：《政治学》，6.4，1291 a 33，"富有阶层"被定义为"为城邦提供资财的人"。

② 与四百人议事会建立有关的好例子。因此，有人提议赋予权力"给最能用金钱和身体为城邦服务的人"（修昔底德：《伯罗奔尼撒战争史》，8.65；对照亚里士多德：《雅典政制》，29）。阴谋者已经准备好了"从自己的家产中贡献出金钱或者其他需要的东西"（修昔底德：《伯罗奔尼撒战争史》，8.63）。这种说法在波奥提亚人的演说中非常突出（修昔底德：《伯罗奔尼撒战争史》，3.65）；他们辩称，少数富人在城市中拥有更大的份额（"处在危险之中的财物更多"），他们有权背叛城市。参照亚里士多德：《政治学》，3.12，1283 a 31。

③ 关于雅典政体的讽刺性小册子实际上假定公共服务应该意味着政治权力，作者解释说，这一原则在雅典得到了真正的承认，因为"民众"是城市的力量之源，而不是"显贵阶层"和"重装步兵"（伪色诺芬：《雅典政制》，1.2）。

能够服兵役，是获得政治权力的一个基本条件，①更何况在希腊一些随时都在备战的城邦，此番规定似乎有更为强有力的依据。②尽管，这个论点是用来反对穷人的，我们还是不能忘记，一般的寡头制将作为重装步兵服役的公民同样逐出特权之列，也只有在资格要求十分低的寡头政体中，才会接纳这个阶层。

---

① 我们可以比较一下征兵制度。不能服役为反对妇女的特权提供了一个共同的论点。
② 参见弗里曼：《比较政治学》，第 197 页，"在所有原始社会中，士兵和平民之间的区别是未知的。因此，军队就是公民大会，公民大会就是军队"。参照弗里曼：《西西里》，第 2 卷，第 62 页，他认为（来自狄奥多鲁斯：《历史丛书》，12.19）公民大会最初的习俗是佩带武器作为公民身份的徽章。

第十二节　寡头的道德主张

　　寡头的主张还有其他的理由。他们不仅比穷人拥有更大的权力来管理城邦,而且还能更好地胜任公职;而无论从实际还是道德考虑,其他阶级都不能承担起这些政治责任。我已指出了寡头站在道德和心理的制高点,当然,只有富人才能获取到文化熏陶:①但是富人拥有一个更佳的优势(根据希腊人的观念),即富人有闲暇研究战争策略和从事政治治理,而穷人不仅难有空闲,还要被雇佣做事,这些使得穷人的身体和灵魂都更为卑贱。这与希腊人对待工商业的态度息息相关,因此我们需简要知晓。

　　在这个问题上,我们需要区分一下传统的军事贵族和商业贵族。上文已经略提希腊人轻蔑工商业的情绪,这要追溯到殖民时代,胜利的征服者拥有良田,就把卑贱的工作给奴隶去做。②因此,传统的军事贵族制具有明确的阶级划分,这就导致了手工业者和商人被排除在政权之外。有些城邦已经剥夺了作为"赚钱"的人的政治资格,或禁止向公民提供"赚钱"技艺。根据亚里士多德所说,贵族制不可能将体力劳动者、技工或商人当作公民。③在柏拉图和

①　参见亚里士多德:《政治学》,6.8,1293 b 37,"教育和好的出身更经常地伴随着更加富有的人"。

②　参见布克本索希茨:《所有权和收购》,第 255 页及以下。亦见戈尔:《文化》,第 162 页及以下,纽曼:《导言》,第 98 页及以下。

③　亚里士多德:《政治学》,3.5,1278 a 19,"在贵族政体国家,权力是鉴于'美德'和'价值','工匠'和'佣人'不能是公民,"参照 8.12,1316 b 2,"让没有财产的人和拥有财产的人平等地分享城邦政权有失公正"。色诺芬:《论经济》,4.3。参照希罗多德:《历史》,2.167。为数不多的关于这项禁令的特殊情况,见第五章第 50 节。

亚里士多德的理想城邦中,他们将统治阶级和从事工商业的人进行严格的区分。①

另一方面,财富寡头又不能把富裕的工商业者排除在外,②因为这些商业团体专心赚钱,对商贸的重视比雅典民主制中的贵族还要多,③但是靠工资养活的手工业者就成了寡头最为鄙视的阶层了。

希腊人把闲暇看作优质生活的必备条件,而且是幸福的来源。④他们不赞成"为工作而工作",工作只是手段,闲暇才是目的。⑤闲暇是必要的,不仅对于需要训练的重装步兵是如此,他们需要进行不间断的训练,⑥而且对于那些履行政治职责的人也一样。⑦哲学家希望使政府和公民变得职业化。⑧尽管没有一个城邦能达到如此理想的状况,然而富人能够有闲暇去履行政治职责,而穷人看到需要牺牲时间只能望而却步。⑨

卑陋,希腊人用这个词否定没有闲暇的人,它还暗示一个不可忽视的缺陷,它使得忙于生计的人变得更卑贱。亚里士多德解释了这个术语。"任何职业、工技或学科,凡可影响一个自由人的身

42

---

① 把专门的功能分配给国家的不同职能部门是《理想国》的基调。特别参考3.415 B C。在《法篇》,5.741 E,柏拉图禁止公民赚钱;而亚里士多德则禁止他理想状态下的公民过着如"工匠"或"商人"或者甚至是"农民"的生活(《政治学》,4.9,1328 b 39)。参见《政治学》,3.5,1278 a 8,"最优良的城邦绝不会把工匠变成公民"。

② 参见亚里士多德:《政治学》,3.5,1278 a 21,"在寡头政体中,佣工不可能成为公民,但是工匠却有可能,因为许多工匠都很富有"。

③ 参见布彻:《希腊天才的方方面面》(S. H. Butcher, *Aspects of the Greek Genius*),第73页。

④ 《政治学》,5.3,1338 a 1,"闲暇能带来享受、幸福和极度的快活"。

⑤ 《政治学》,4.14,1334 a 14,"闲暇的德性是二者共同的目的"。

⑥ 柏拉图:《理想国》,2.374 B C D;参照纽曼:《导言》,第113页。

⑦ 参见阿里安:《历史》,10.14。亚里士多德:《政治学》,4.9,1329 a 1,"武装人员和议事人员对于公共急务和讼案的裁决都起着作用"。

⑧ 柏拉图:《理想国》,374 E;《法篇》,846 D E。

⑨ 这就解释了法院和公民大会的津贴对民主国家的重要性。

体、灵魂或心理,使之降格而不复适合于善德的操修者,都属'卑陋';所以那些有害于人们身体的工艺或技术,以及一切受人雇佣、赚取金钱、劳瘁并腐化意志的活计,我们就称为'卑陋的'行当。因为他们剥夺了悠闲的灵魂并使其降格。"①

因为从事卑陋的工艺,所以他们的身体被认为不适合作战。②这种看法以及富人先天的优越感,我们在很大程度上可以归因于较高阶级对较低阶级的鄙视。③

43　但是卑陋的职业会对灵魂产生更为严重的影响。它们使灵魂处于被奴役状态;④使他们降格到与非公民的奴隶和外邦人一起;他们被剥夺了行动自由,在他人的支配下行事。⑤事实上,灵魂和身体的降格,使他们不再适合担任公职。⑥

寡头认为财富和有闲暇是成为公民不可或缺的条件:他们比迫于生计而去赚钱的人具有更强的政治能力。在这点上,贵族走得更远。在贵族看来,无论从事手工业还是商业,都被看作配不上自由人身份或公民资格。这点也成为军事贵族和商业贵族之间的明显差别:前者禁止工商业者参政,而后者则相对有所保留。哲学家

---

① 《政治学》,5.2,1337 b 8;对比 4.9,1329 a 20。
② 参见柏拉图:《共和国》,2.374 C D,以及特别是 6.495 D;色诺芬:《经济论》,4.2,"因为这些技艺迫使工人和监工们坐在屋子里,有时还整天待在炉火旁边,伤害他们的身体"。参见培根:《随笔》,29(由纽曼:《导言》,第105页引用),"久坐技艺和室内技艺……本质上与军事素养要求相反"。
③ 一些辱骂的修饰语让人对阶级感情有了一些了解。因此,选择"胆小的"(δειλός,在荷马,赫西俄德和塞奥根尼斯的作品中),也许是因为它暗示了一个懦夫。因此"卑鄙的"(πονηρός)和"糟糕的"(μοχθηρός)最初可能和"手艺人"(βάναυσος)是相同的概念。
④ 色诺芬:《回忆苏格拉底》,4.2.22。
⑤ 亚里士多德:《修辞学》,1.9,1367 a 31,"不从事任何工匠的技能是高尚的"。(同一段话幽默地说明了希腊人的感情。把头发留长,看作是拉开代梦的自由人的标志,"因为有了长发再去干佣工的活就很不方便")参照《政治学》,5.2,1337 b 17。
⑥ 色诺芬:《经济论》,4.2,"弄坏身体就会严重地毁坏精神"。

在此事上的看法完全与贵族的观点一致。①

　　然而,此两种政体除在自由的出身问题上存有不同意见,公民　　*44*
权所需的其他资格方面并无差异,因此公民与非公民之间的区别
就一目了然了。它们与民主制不同,具体而言,在政治理念、行政
官的委任、权力分配和主权问题上都表现出与民主理论分歧的地
方。对这个主题的研究会在稍后章节论述。②

---

① 柏拉图和亚里士多德对"商业阶层"的评价不太重视他们的行业。在这方面,他
　 们完全不符合寡头政治的观点。
② 见第五章。

第二章　政体变革的原因

第十三节　希腊政体的多样化

在希腊的不同城邦中,有各种不同的政体,而要解释这种多样性的原因是比较困难的。每个城市形成独立的城邦,各自为政,使得政体试验更容易且频繁。希腊人的性格特点与他们的政治能力让政治试验更具原创性和多样性。

柏拉图说:"建城的时间,难以追溯"。在希腊,传统君主制和贵族制的起源是难以追溯的。这点在其他地区也一样。然而,许多希腊城邦能够追溯制定它们的政体的时间。立法者清除旧政体,在新的原则上建立新政体,与过去完全隔断,它们将这些时间全部记录下来。此外,希腊城邦并不全都以他们的史前历史为荣:零星分散的殖民地,将希腊的影响从本都的东岸扩大到马赛利亚,从色雷斯扩大到利比亚,它们建立于希腊政体待完善之时,在部分殖民地建立的时候,希腊就已经开始了政体变革。

因此,史前以惯例而建立的传统政体与之后立法者以创设的原则而建立的政体或模仿其他城邦法律建立的政体有着根本的不同。"史前政体"逐渐且自发地发展演变,比"新创建的政体"更能持久。①像斯巴达和克里特的政府，由于其稳定性，它们在希腊享有很大的声誉。新的思想没有中断这种连贯性。地位和风俗并没有让位给契约和进步。②但是，在其他城邦，文明的历程和政治条件的变更带来更多分歧与争论；社会力量充分地进行自由发挥，政体变革频繁，产生了多样化的政体，这与早期国家政体类型统一的情况形成了鲜明的对比。

---

① 关于"历史的"和"先前"政体，参阅梅因：《大众政体》，第 172 页。
② 参阅巴杰特：《物理学与政治学》(Bagehot, *Physics and Politics*)，多处。

第十四节　决定政体形式的因素

所有政体不是自发形成，就是人为创建。无论哪种情况，它们都必须适合其所在城邦。一种政体并非能适用于所有城邦；并且只有在二者相对适合的情况下，才能使旧政体不被取代或新政体被接受。此外，它们必须得到多数人的同意，一旦共同体分裂，政体支持者的力量必须要比反对者更强。①同样，他们必须具备保卫政体的武装，因为"武力绝对是任何法律中的本质要素"。在受到特殊情况支配时，法律就是受约束的武力。②之后，这些拥有武力要素的群体自然而然地占据主导地位，在这点上，我们得出约翰·密尔所阐明的原理（具有一定限定条件）："一国的政府，在一切实质性方面，是由这个国家关于社会权力要素的分配预先确定和最终决定的。社会中最强大的力量将取得统治的权力；并且，除非先有或伴随有在社会权力分配上的变化，政治结构中的变动是不能持久的"。密尔进一步界定了社会权力要素是（除人数优势）财产、才智和组织；而且这个社会权力必须不是消极的，而是一股积极地能够发挥作用的力量。③如果我们在该定义上添加法令要素，以及那些一度控制政府、拥有绝对权威的人，把此权力给予这个群体，那

47

---

① 亚里士多德：《政治学》，6.12，1296 b 14，"让我们假定对于一切城邦或政体都相同的一条普遍原则，即城邦的各个机构维持现行政体的愿望必须强于废弃这一政体的愿望"；对比 4.9，1329 a 11；8.9，1309 b 16。色诺芬：《希腊史》，2.3.19，塞拉门尼斯说"我们做着两件对立的事情，把政权建立在武力的基础上，又使得统治者比被统治的臣民还要弱小"。

② 史蒂芬：《自由平等与博爱》(Sir J.P. Stephen, *Liberty Equality amd Fraternity*)，第239页。

③ 《代议制政府》，第1章。

么,我们或许能够接受并采用这个原则。亚里士多德也基本上意48识到这个理论。同样,他也探寻不同政体在社会体系中的多样性。每个城邦都拥有不同的要素和群体:①有的城邦富有,有的穷困;有些拥有武装,有些没有;劳作阶层不同,显贵阶层也不尽相同。②社会群体在力量上的变化将会引起政体的更迭。③

---

① 《政治学》,6.12,1296 b 16。任何一个城邦在构成上都包括品质和数量两个方面。所谓品质,我指的是自由、财富、教育和门第,所谓数量,我指的是门第上的优势。

② 《政治学》,6.3,1289 b 27。

③ 《政治学》,8.3,1302 b 33。据亚里士多德所言(同 7.1,1317 a 20),民主制具有多样性的特点,其他政体也同样如此。这种多样性源于两种原因:(1)人的多样性;(2)政府要素的不同结合。

第十五节　政体变革的内部原因

　　政体变革不是从共同体的内部开始就是由外部施加，它们要么是社会力量斗争的结果，要么由外力干涉所致。[1]首先考虑由内部发生的变革，很明显，政体史也是一部人类通史。政体的发展必须追溯到改革、社会经济、军事或宗教，而这些又是标志一个民族进步或倒退的因素。这些变革更多在下一章中讨论，但是少数的基本点在此也需注意。

　　接下来，我们从寡头制和民主制的定义开始，即少数富人的政体和多数穷人的政体。经济变革一定是产生这些政体并且影响其内部变革的最常见因素。最初，土地是财富的唯一来源，多数城邦是自给自足的。当这种情况盛行时，权力属于土地所有者。但是，随着殖民地上希腊人的扩散、商业和航海的传播、作为交换媒介的货币的产生，这一切改变了财富的分布，产生了能与土地持有者的贵族平起平坐的工商业阶层。此后，经济力量的影响得到自由发挥，而且阶级力量的变化应该主要归功于这些力量。亚里士多德提到寡头制狭隘的一面，即把财产集中在少数人的手中，[2]而作为货币价值变化的结果，民主制逐渐地发展起来。[3]不同阶层人数减少是变革的又一原因。例如，较高的阶层在战争中蒙受损失，促使了民主制的产生，[4]而在政府内部还有这样的趋势——为了缩小特

49

----

① 亚里士多德：《政治学》，8.7，1307 b 20，"所有政体的灭亡既可以起因于政体内部，也可以起因于外部"。也参见柏拉图：《理想国》，8.556 E。
② 亚里士多德：《政治学》，8.7，1307 a 29。
③ 亚里士多德：《政治学》，8.6，1306 b 9。
④ 亚里士多德：《政治学》，8.3，1302 b 33，"某一部分不成比例的增长也（转下页）

权阶级的数量,政府考虑了出身因素。

在影响政治变革的要素中,军事变革往往扮演助推角色。一方面,入侵者在战术与装备上都占据了军事优势,使其成为城邦的主人,而在希腊,"征服贵族"正是由于这种优势而产生的。另一方面,军事原因还可能影响城邦内的社会力量。亚里士多德把寡头制与骑兵、重装步兵,民主制与轻装步兵、舰队联系在一起,①重装步兵战术的引入使得更多人具备了公民资格,②海上军事力量的崛起有助于民主制的发展。③后来,雇佣兵的引入在一定程度上削弱了较富裕阶层的势力,在此之前,富人是重装步兵的主要力量。

在早期城邦社会,宗教是最重要的社会力量。这时,神圣与世俗并未明确地区分。在希腊,统治者也是祭司。在这种情况下,贵族的政治力量无法被打破,因为只有他们才能与神沟通:如果要打破宗教特权,就要引入全新的信仰,以此瓦解旧贵族制,为民主制提供可能性。④与变革紧密相连的是瓦解部落组织和地方势力。

在本节中,迄今所讨论的原因主要围绕社会力量。然而,一旦旧贵族制度被打破,政治斗争的时代来临,那么在每个城邦内部的派系问题就值得被考虑了。希腊的派系,就其明确的区分而言,便主要是根据对政体的偏好划分。在上一章,我让大家关注人数(统治阶级人数)和财富、寡头制和民主制之间不可调和的争论,这种对立就是产生这种根深蒂固政治弊病的原因,希腊人称之为"内

(接上页)是导致政体更迭的原因之一"。他提到了"民众"的不成比例的增长,并列举了一些在战争中"显贵阶层"减员的例子;然后说"平民政体中也可能出现类似情况,但是程度较轻;如果富人增多或财富大增,它就会向寡头政体或者贵族政体转变"。他列举了几个例子;也参照《雅典政制》,26.1。

① 亚里士多德:《政治学》,7.7,1321 a 6 及以下。

② 亚里士多德:《政治学》,6.13,1297 b 23,"随着城邦扩大,重装步兵的分量增加了,在政体中的地位也有所上升"。

③ 亚里士多德:《政治学》,8.4,1304 a 22。见伪色诺芬:《雅典政制》,1.2。

④ 在这个问题上,当然应该参考专著《古物学》,尽管作者倾向于通过排除其他因素来夸大宗教力量的重要性。

乱"(στάσις)。①几乎在每个城邦,都能发现这两个派系的存在,而且,除非其中一方较另一方占绝对性优势,②否则政治力量的斗争将会持续不断,政府成为它们舍身犯险的酬劳。③在派系的惨烈斗争中,心怀不满的一方向其他城邦寻求帮助,这样一来,来自外部的影响就与内部的因素发生了关联。

---

① 柏拉图:《理想国》,8.545 D,"政治制度的变动都是由领导阶层的不和引起的"。修昔底德(3.82)对"内乱"(στάσις)作了最有力、最精辟的描述。

② 雅典几乎在整个民主历史上都是这样。当然,那里有寡头和民主党的对立(参见普鲁塔克:《伯里克利传》,11),但正如我在上一篇文章中所说,《政治派别》,第34—35页,那里的派别分歧更多的是现实的问题,而不是固定的原则。

③ 修昔底德:《伯罗奔尼撒战争史》,3.82,"在各个城邦中,派系首领打着漂亮的旗号,一派宣称民众在法律面前平等,另一派宣称温和的贵族统治,他们名义上为公共利益服务,实际上是为了自己赢得奖赏"。

第十六节　政体变革的外部原因

在早期希腊，最重要的变革是受到外来的征服，他们驱逐或削减了之前的居民，建立政权。作为贵族，他们凭借他们的征服和权力维持胜利果实。之后，因征服迫使一个民族处于绝对服从的事例较少，而因外来势力的直接干涉或在派系斗争中提供支持而决定了政体形式的事例较多。①

因此，较弱城邦的政体变革与不同的大国的霸权密切相关，如波斯、雅典、斯巴达、忒拜和马其顿，它们都对许多城邦的政体产生了影响。②这只是政体同化的一个例子，它倾向于在希腊无数的国家中引入某种统一的政体形式。除了被统治者同化之外，我们还可以注意到在部落联盟里相同的政体同化趋势带来的影响，诸如政治联盟③中的色萨利（Thessaly）、波奥提亚（Boeotia）和克里特④，

52

----

① 参阅柏拉图：《理想国》，8.556 E，"一个城邦……一派从寡头制政府请来援军，另一派从民主制政府……内战打响"。亚里士多德：《政治学》，8.7，1307 b 20，"如果一个城邦的近邻或相距虽远却很强大的他邦实行的是与之相对立的政体，就会从外部影响该邦的政体"。伯罗奔尼撒战争为这一点提供了许多例证。

② 参见亚里士多德：《政治学》，6.11，1296 a 32，"希腊居于领袖地位的大邦只从自身的利益出发，自行其是建立起自己政体，结果是一些城邦建立了民主政体，一些建立了寡头政体"。关于雅典和斯巴达的特殊影响，见下文第 18 节。

③ 克里特岛就是一个很好的例子。虽然克里特人的城市没有永久的联盟，但它们的政体是如此统一，以至于亚里士多德和其他古代作家习惯性地谈论"克里特人"的地方官员和机构。斯沃博达：《希腊的决定》（Swoboda, *Griechische Volksbeschlüsse*），第 30 页，提出要注意克里特法令的"地方风格"。

④ 雅典和斯巴达是最好的例证。见下文第 18 节注释 3。有一种双重影响在起作用，因为各国寻求类似制度的城市联盟，同时努力在盟国之间建立自己的政府形式。

除了在这些地方和殖民地以外,没有任何联系起来的城镇①。

---

① 意大利和西西里的城镇提供了一个国家政治上相互独立而采用类似制度的例子。参见斯沃博达:《希腊的决定》,第30页。这在一定程度上是由于立法者的影响,见下文第20节。

第十七节　希腊殖民地的政体

　　各个殖民地新创建的政体,不是在先前的历史条件基础上发展而来,而是在城邦建立过程中创建的。殖民地城邦往往没有过去,因此为政体试验提供了最好的条件。在正常情况下,殖民者将母邦的政治思想和机构设置照搬到殖民地城邦是自然的事情。复制要比创新简单。在没有相反动机的情况下,如果这种情况允许的话,那么,殖民地政体就成为母邦政体的影子。但是,要殖民地遵从母邦遗留下的社会分层或政治组织也许是不可能或他们是不愿意的。许多殖民地由多个族群混合组成,这会阻碍他们建立母邦的社会分层或部落划分制度。还有其他一些殖民地是反抗贵族的阶层建立的。而他们不太可能承认贵族的特权。因此,许多殖民地适应了新情况,一些特殊政体就在这种新情况下应运而生,并在殖民地中持续了较长一段时间①。

---

① 在殖民地特有的政府形式中,我们可以注意到"第一批殖民者的寡头政治、王宫的寡头政治和固定人数的寡头政治"。见第四章。

第十八节　雅典和斯巴达的影响

　　公元前 5 世纪,雅典民主制的建立及其势力的崛起引起了雅典与斯巴达之间的一场对抗和希腊世界的分裂。此后,在希腊有两个大国,它们都试图通过霸权或联盟联合其他城邦,因此,这在一定程度上改变了一直以来在希腊盛行的独立自治的趋势。诸多动机共同导致了这样的分裂,雅典与斯巴达之间在各方面都是对立的,如族群、传统、品性和政治举措。但是,在所有的对抗中,没有比政体原则之间的分歧更大的了。斯巴达在品性和政体上表现出贵族式,在希腊这几乎是独一无二的,但是,在民主制和寡头制的对立中,这种细微的差别被遗忘了。伯罗奔尼撒同盟包括的商业城邦,如科林斯和麦加拉,它们在很多方面,表现出更为倾向于雅

典的进取和活力,而非野蛮的斯巴达军事体系。①斯巴达与雅典这两个带头的城邦,立刻成为倡导者,标榜它们宣称的政治原则。在联盟内部,它们自然会扶植那些赞同其政体的城邦,而与一个或另一个大国结盟往往决定了小国政体的命运。②在公元前 5 世纪,当希腊世界被分为雅典和斯巴达两大势力后,每个城邦试图将统一

---

①　科林斯和麦加拉无疑是因为与雅典的商业竞争而与斯巴达结盟的(事实上,麦加拉在加入同盟时肯定是民主体制的);而且它们与斯巴达之间可能没有什么共同的感情。同时,例如科林斯的寡头们,它们也不愿意与雅典这样一个积极支持民主的国家结盟。

②　科斯的命运可能被认为是典型的。我们第一次听说它是由一个在波斯统治下的僭主统治的;当时在提洛同盟时,它可能是民主的,在战争结束时是寡头政治,在雅典同盟内,在克尼杜斯战役之后是民主的,在公元前 357 年对雅典起义后是寡头政治(我已经接受了吉尔伯特：《古代希腊政治手册》,第 2 卷,第 172—173 页得出的推论)。

的政体引入自己的联盟,以便在出现派别斗争时,共同维护他们自己的政体原则。①在伯罗奔尼撒战争开始之时,在提洛同盟中,实行寡头制的两个成员是为人熟知的莱斯波斯和开俄斯(Chios)。②余下的都服从雅典,要么采用了民主政体,要么被迫设置了与雅典类似的机构。③在伯罗奔尼撒同盟中,斯巴达留给同盟国自治权,④但是它对那些应被寡头治理并对它存有好感的城邦格外照顾,⑤显然,民主制是一种"不便利的"政体,出于斯巴达利益的需要,只要有可能,它会对其进行修正。⑥在战争初期,埃利斯(Elis)和曼提尼亚(Mantinea)是斯巴达仅有的实行民主制的重要同盟国。伯罗奔尼撒战争是一场两种敌对政体之间的斗争,⑦随着任何一方的兴衰成败,民主或寡头政治的事业都会有所变化。但即使在雅典和斯巴达停止对其他国家行使霸权之后,它们仍然是民主政体和寡头

56

---

①　亚里士多德:《政治学》,8.7,1307 b 23,"雅典人到处消灭寡头政体,拉科尼亚人则到处消灭平民政体"。见第二十六节。

②　密提林是寡头政治(修昔底德:《伯罗奔尼撒战争史》,3.27)。吉尔伯特(《手册》,第 2 卷,第 153 页)认为开俄斯是民主政治的。我认为,没有证据证明这一点。在我看来,修昔底德:《伯罗奔尼撒战争史》,4.58,8.24 和 38 似乎暗示着寡头政治的存在。

③　公元前 5 世纪上半叶的事件,波斯的撤军、僭主的推翻、贸易的传播等等,肯定有利于民主。在许多国家,我们可以追溯到雅典制度被刻意引进;米利都甚至采纳了雅典的部落和德莫。(吉尔伯特:《手册》,第 2 卷,第 141 页,注释 1 中引用了铭文证据)第二雅典同盟特别禁止干涉政体:《阿提卡铭文集》,2.17(希克斯:《铭文》,81)。

④　斯巴达人总是装作自治的拥护者。见第 49 节注释 8。

⑤　修昔底德:《伯罗奔尼撒战争史》,1.19 提供了准则。对比 1.76,雅典人说"拉开代梦人啊! 你们总是以你们的利益为依据来统领伯罗奔尼撒的城邦"。也参照 1.44。

⑥　修昔底德:《伯罗奔尼撒战争史》,5.81.2,(在阿尔戈斯)"建立了一个亲拉开代梦人的寡头政体"。参照 5.82.1。我认为"合适的"(ἐπιτήδειος)和"不合适的"(ἀνεπιτήδειος)一定是寡头政治的术语,用来描述不支持寡头政治的人或政府。除了上面引用的两段,我们还发现"合适的"是在同一个团体中使用的,1.19;1.144("合适地");8.63.4(亚西比得认为"不合适的……对寡头政体");70.2,以及在 8.65.2"不合适的"。

⑦　我收集了一些关于这个问题的证据,在《政治派别》,第 32—34 页及其注释。

政体的避难所和支持者；①而它们总在帮助其他国家的同时，也为其提供政体的范本。它们也确实为其他城邦提供了范本。②

---

① 公元前4世纪的历史就说明了这一点。参见伊索克拉底：《演说辞》，4.16，"希腊人有一些是从属于我们的，有一些是从属于拉开代梦人的；因此希腊人用来治理城邦的政体把他们大多数人划分为两派"。

② 斯巴达的影响将得到更充分的讨论。关于雅典，参见德摩斯提尼：《演说辞》，24.210，"你们也应该考虑到这一点，许多希腊国家经常通过投票决定通过你们的法律，在这一点上，你们自然会感到光荣"。

第十九节　对斯巴达政体的推崇

其他希腊人对斯巴达人的政体一致赞扬。如果他们对该政体的原则有更多了解或对其运行有个人实地体验的话,那么,应该说他们对斯巴达政体的推崇可能就不会一直如此绝对了。政策的秘密性、对陌生人的排斥以及斯巴达人较少与其他希腊人交往的习惯,给斯巴达蒙上了神秘的面纱,这层面纱掩盖了该政体的缺点,夸大了它的优点。人们对著名的莱库古制度较为熟悉,至少闻其声名,(斯巴达)借助严密的制度,让每个斯巴达公民献身于城邦事务之中。斯巴达城邦在战争中的成功给人留下了深刻的印象,为其在希腊赢得了辉煌的地位,尤其是在其他城邦的民主制和寡头制持续不断的变革与革命接连不断时,斯巴达政体的长久持续更让人惊叹。但是,他们却没有意识到这个体制所需要作出的牺牲,可怕残暴的军事训练、对人性的压抑、放弃优雅的生活方式、诸多肮脏且野蛮的习俗以及他们内部的腐化。直到公元前4世纪晚期,当斯巴达失去了军事优势,他们才开始发现,①并认识到对斯巴达政体的过度赞扬是多么的不值得。

但是,即使在斯巴达倒台之前,其政府还被希腊人普遍的赞

---

① 参阅亚里士多德:《政治学》,4.14,1333 b 21,"既然斯巴达人的统治如今已经一去不复返了,就不能认为他们是幸福的,也不能认为他们的立法者是贤良的"。弗雷德里克·波洛克爵士:《政治科学史》(Sir Frederick Pollock, *History of the Science of Politics*),第 11 页,注释 1,表达了他对斯巴达政体的坦率看法,令人耳目一新。"在修辞学者和二手文献的作者看来,斯巴达人过着为人赞美的生活,于我而言,在整个古代史中,他们总是以可恶的骗子形象出现,……在他们创造的所有自负的纪律中,整个战争过程仅有两个行政官,即为人熟知的绅士,布拉西达和卡利克拉提达斯。"

赏。亚里士多德提到了早期作家对其他政体概不评论,唯独赞扬拉开代梦人的政体。①柏拉图谈到"普遍赞扬克里特和拉开代梦人的政体",不过,他并不是看不见斯巴达政体的缺点,因为他的理想国就是建立在类似的构架之上。②修昔底德指出了斯巴达政体良好的秩序是其延续持久的原因。③色诺芬借克里提阿斯(他写了首部斯巴达城邦著作)表达了斯巴达政体是最好的政体这一观点。④

尽管他们推崇斯巴达政体,然而是否模仿了它还是值得怀疑的。品达指出,埃吉纳城邦被发现"遵循许罗斯制定的律法",并且留下了"艾吉米尤斯国王当政时期的法令",⑤他记载了埃吉纳城邦处在"许罗斯和艾吉米尤斯法令"的统治之下。⑥但这些可能只是传统的赞美方式。建立在如斯巴达城邦那样严格制度基础之上的政府,并非适用于每一个城邦。在一些殖民地,我们能发现所谓的多利安部落的踪迹,他们正如多利安城邦和其他的多利安社会组织一样,实行着阶层划分。⑦但是,军事贵族制的本质特征:建立在严格的训练基础上、阶级和职业分离,就我们所知,到目前为止,跟斯巴达一样的只有克里特。

---

① 《政治学》,6.1,1228 b 41;4.14,1333 b 12。公元前 4 世纪的政治理论家把斯巴达看做理想的军事城邦;参阅迈耶:《古代历史》,第 2 卷,第 564 页。

② 《理想国》,8.544 C。参阅纽曼:《导言》,第 400—401 页。

③ 1.18;对比 3.57。

④ 色诺芬:《希腊史》,3.3.4。色诺芬本人写了一本颂扬来库古政体的书(《拉开代梦政制》)。

⑤ 《皮提亚颂诗》,1.61。

⑥ 残篇,4(伯克)。

⑦ 见本都的赫拉克利亚、拜占庭、卡尔基顿。

第二十节　立法者

在早期希腊史上,最为常见的政体变革方法就是任命某个人,赋予他全部权力,他可以改变政体,制定律法。这种做法完全符合希腊风格,它早期的政体常与某个人名联系在一起,尽管这些政体可能只是应运而生。①在早期社会,当人们觉得有必要减少陈旧的、不成文的命令和惩戒性法律时,便对它们进行修订,并逐渐形成了法典。②在希腊,每个城邦的这项工作通常都由一个专门的人负责,随着社会的发展,这些人做了些必不可少的改革,他们常被赋予一定的权力修订律法。甚至在后来,当需要进一步进行改革的时候,有时在其他方面也采用了相同的方法。这些人被赋予了绝对的权威,这点使得亚里士多德把他们视为僭主,③尽管这种任命是为了防止因派别和解而出现暴政。改革人选要么从公民中选拔,改革所在城邦的政体,如雅典的德拉古、梭伦和克里斯提尼、密提林的庇塔库斯、米利都的埃皮墨涅斯、洛克里斯的札琉库斯;要么从外邦引入一个陌生人改革政体,因为外邦人可以不考虑派系的利益,能够引入一些更明智的、更有秩序的城邦体制。因此,就有了卡伦达斯为西西里和意大利的许多城邦制定律法;④科林斯的菲洛劳斯为忒拜立法,⑤曼提尼亚

①　参阅来库古的未解之谜和关于他的作品。
②　梅因:《古代法》,第 14 页及以下。
③　亚里士多德:《政治学》,3.14,1285 a 30,("民选统治者"职位被定义为"推选出的僭主");2.12 对古代立法者作了概括性的介绍。对比柏拉图:《理想国》,10.599 D E。
④　参阅柏拉图,最后一个注释。
⑤　亚里士多德:《政治学》,2.12,1274 a 22 和 31。

60

53

的德莫纳克斯为昔兰尼立法。①在考量这些立法者时,我们不能忽略殖民地的建立者:建立者往往也成为统治者。没有什么能比这更能证明希腊人的政治才能了,在诸多殖民地中,他们都建立起良好秩序和系统化的政府。

在某些情况下,我们可以追踪到哲学家对立法的影响。毕达哥拉斯就提供了一个哲学家对政治产生影响的事例,但是他更多是对统治者产生影响,而非改变政体。②斯特拉波表示:伊里亚的良好秩序要归功于巴门尼德和芝诺。③苏格拉底之前古希腊就有许多政治理论家,但是其中最著名的还属诡辩派,他们是在"反社会阵营中"。④政治哲学大师也于事无补,因为他们的教导无法在实践中实现,如果我们不考虑狄翁建立一个哲学化的城邦的尝试⑤,那么这个哲学化的理想城邦理论可能对伊帕密浓达斯⑥、阿契塔斯和提莫莱昂这些政治家产生一定的影响。

政治变革的另一要素也不能忽略,那就是打着回归"祖先的政体"的借口进行变革。⑦如果把它说成是回归过去,就更容易实现变革,尽管希腊人并不十分尚古。有些人,尤其是寡头提出了恢复古代政体,他们的目的是借机推翻后世成长起来的民主制。⑧

①　希罗多德:《历史》,4.161,德莫纳克斯似乎费了许多努力使斯巴达政体适合昔兰尼的需要。
②　纽曼:《导言》,第 377 页。毕达哥拉斯表示"为少数人统治的政体注入了一种全新的、更具伦理精神的东西。"
③　斯特拉波:《地理学》,6.252。
④　纽曼:《导言》,第 391 页。
⑤　普鲁塔克:《狄翁传》,53。
⑥　亚里士多德:《修辞学》,2.23,1398 b 18,"忒拜在被哲学家统治之前从未繁荣过。"
⑦　参阅亚里士多德:《政治学》,2.8,1286 b 26 及以下,关于"祖先的法律"。
⑧　雅典的寡头政治是以恢复旧的民主体制为借口建立起来的。参见亚里士多德:《雅典政制》,29.3;34.3;色诺芬:《希腊史》,2.3.2;3.4.2;狄奥多鲁斯:《历史丛书》,14.3。

第三章　政体的历史发展

第二十一节　政体的起源

　　我开始考虑政体发展的历程,简要概述政治变革的大体过程,并主要阐释寡头制的起源与特点。

　　关于政府形式的发展顺序,希腊作家的记载各不相同。在柏拉图①和波利比乌斯②的笔下,政府发展形式的制定更加考虑不同政体的优缺点,而非时间上的前后连续性。亚里士多德的记述更接近事实,却又太过绝对,③并非所有的国家都按相同的顺序,经历了相同的发展循环周期,但是其中还是包含了足够多真实有用的信息,它适用于那些的确经历政体发展一般过程的绝大多数政体。

　　亚里士多德从英雄时代写起,我们还需假设它是"以跟踪后续　　

---

① 柏拉图:《理想国》,8.544 c(亚里士多德《政治学》,8.12,1316 b对此进行了批评)。

② 波利比乌斯:《通史》,6.4.7;6.9.10。马基雅维利:《李维的第一个十年》,第2章,也描述了"所有的共和国都有,而且确实在其中运作",他的继承顺序也是先验的。

③ 亚里士多德:《政治学》,3.15,1286 b。

变革为目的的主要事实"，不考虑"它的前因与决定性条件"，①尽管我们没有考虑部落共同体的不同政体形式。②亚里士多德意识到，在荷马时代之前还有其他形式的联合体，并且在第一卷开头部分，他对村落和政府的记载并没有与现代理论格格不入。然而，重要的是，我们要清晰地认识到，城邦是由一些共同体聚结起来形成的：事实上，这些是较小集体的联盟，多数情况下，是部落联盟。③理解早期政体最重要的事实，是城邦和部落的斗争贯穿整个贵族社会发展时期。

---

① 格罗特：《希腊史》，第 2 卷，第 59 页，"设想绝对的开始或起源是我们能力所不能及的：我们既不能理解，也不能证实任何超越进步、发展或衰败的东西"。在把我们的调查推后的过程中，我们必须最终得出不经分析或解释的事实。社会阶级的起源就是这些事实之一。参考弗里曼：《比较政治学》，第 247 页及以下。

② 关于这点，请参阅瓦尔德·福勒：《城市国家》(W. W. Folwer, *The City State*)，第 2 章。

③ 菲斯泰尔·德·古朗士：《古代城市》，第 143—144 页。

第二十二节　英雄时代的君主制

　　英雄时代的君主制，正如荷马史诗中所描述的，在政治权力和社会阶层中都包含了后来政体的雏形。①我们发现，这种君主制进行了明确的阶级划分，几乎像印度的种姓制度一般森严，而且这种划分必须要被当作既定的制度一样接受。要考察它的源起，就如解释通常而言的阶级起源，非我们能力所及。王和部落首领为贵族中的第一等级。王具有至高无上的权威，但是他与其他首领仅仅是权力大小上的不同，而非种类上的。②王和贵族共享知识、法律事务和宗教事宜。而且，王还是战争期间首要的领导者，贵族则成为勇猛的战士，他们驾着战车冲锋陷阵，从远处抛掷武器进行战斗。

　　但是，王与贵族和其他两个等级之间的区分更为明显。在这两个等级中，首先是从事不同行业的自由人③或耕种自己土地的农民（其重要性排名次于前者）。排在他们之后的是穷困的自由人，即受雇于他人，在他人土地上劳作的人。④他们的工作报酬以实物形

64

65

---

① 我假设荷马呈现出的政府和社会的景象与希腊在所谓的"亚该亚"时期的实际政治大体上吻合。对荷马社会进行完美全面的记载，可见格罗特，《希腊史》，第1卷，第20章。

② 像国王这样的贵族被称为βασιλῆες和ἄνακτες，而国王的优越程度则由头衔（荷马：《伊利亚特》，2.101；9.160）或（20.34）来宣布。在塞浦路斯的历史上，实际的国王被称为βασιλεῖς，他们的亲属是ἄνακτες（亚里士多德：《残篇》，2.203）；是一些国家的贵族的名字。

③ Δημιοεργοί。

④ 弗提乌斯的定义。关于他们和其他阶级，见格罗特：《希腊史》，第2卷，第97—100页。
　荷马对阶级的理解与欧洲民族对"庄园"的划分一致。布伦奇利：《邦国（转下页）

式支付，以至于他们无法存储和积累财富。此外，由于他们受雇情况不稳定，常常陷入极度贫困之中，他们对雇主的依赖几乎与买来的奴隶（在奴隶中占少数）差不多，一旦遭遇不幸，最终就沦为奴隶。

　　这样的社会建立在家长制基础之上。许多小的部落首领，统治着他们的家族和依附者，①每个部落都设有堡垒，②部落首领在其领地里享有主权，向诸如阿伽门农这样的大君主表示敬意。于此，君主制和贵族制的密切联系得以体现。贵族，在其领地享有至高的权势，并且他们是独立的诸侯王，③在统一的国家里形成了一个贵族阶层，在这个阶层里，所有人都要服从国王的权威，而这些贵族之间则互相平等，平起平坐。④他们认为首领比余下的人优越，这可能是亚里士多德作出判断的依据，他认为，英雄时代的王统治着甘愿臣服的子民，并通过在和平和战争中的手段成为他的臣民的

66

（接上页）理论》（英译本），第113页及以下，对阶级进行如下分级：（1）祭司和贵族（在某些城邦这两个又相互独立），（2）自由人，拥有土地并自己耕种的人，还进行贸易活动，（3）依赖他人的产业，满足生活的较低需要。他们没有第二等级自由，所获权力也不及第二等级。我们可以对比阿提卡的阶级划分：在第二等级和第三等级之间是否存在本质区别这个问题上，似乎令人质疑。

① 好的部落首领统治部落共同体，由统治的长老及其眷属或奴隶组成。部落头领统治部落中的其余人。引自伊芙琳·艾伯特：《希腊史》，第2卷，第11页。"君主制建立在家长制的基础上，它的起源来源于父亲的权威而非孩子的，来源于首领的权威而非部落的。他们一以贯之采用世袭制，这是历史原因造成的，祭祀事务或司法事宜，都被看作君王不可或缺的一部分，也是家族所特有的构成。"

② 亚里士多德：《政治学》，6.11，1330 b 19，"高地筑城适合于寡头政体或君主政体，平地筑城适合于平民政体，贵族政体则不同于前两种，它宁愿建筑众多堡垒"。伯罗奔尼撒堡垒的发掘证明了大量坚固的城堡的存在，而这些城堡就是统治家族的住所。

③ 这将会解释适用于它们的头衔βασιλῆες和ἄνακτες的适当性。因此，认为这样的头衔仅仅适用于"叙事诗的后面的章节中"是不必要的。每一个"长老会"（γένος）的首领在他自己的领域里都是一个"巴昔琉斯"（βασιλεύς）；但是在他们的领主那里，他们是一名"长老"（γέροντες）、"提意见的人"（βουληφόροι）、"指挥官"（ἡγήτορες）或"保卫者"（μέδοντες）。

④ 亚里士多德记载了贵族制的起源，"众多善良公民的全体来统治的政体"（《政治学》，3.15，1286 b 12。）

恩人,从而获得他们的地位。①

统一城邦的政府具有三种不同的权力:君主、贵族的议事会、民众的公民大会;但是有必要强调的是,在这个时期还没有形成一个正式的政体。正如格罗特所言,"没有计划、不够系统、无责任观念,民众对首领的服从取决于个人的情感和崇敬之情"。②王享受"神授的权力③",基于他个人和家族的优势,单独行使个人的权力。他得到了其他社会阶层的同意和支持,通常遵照祖先的先例和传统,但像修昔底德和亚里士多德所说的,君主的权力是有限的,这一说法则是错误的。④

无论何时,不同的行政官在政治职能上并无区分。政府的统治通过三项事务表现:战争、司法和宗教,并且所有的王都具有至高无上的权威,⑤尽管他会下放权力或听取议事会的建议。

议事会,作为贵族和寡头政府的主要机关,它的作用纯粹是为王提供顾问与咨询:但是由于君主制建立在贵族支持的基础上,因此,征求贵族的意见以及尊重他们是必要的。

民众的公民大会似乎全无权力或影响力。它成为了"一个没有任何责任感的宣传媒介"、"一个首领在民众面前讨论事务的场所、一个公布规定和记录事务的场所"。⑥王或贵族在民众面前公布讨论的事务,民众通过呐喊表达他们对事务赞成与否的态度。在这个政体中,公民大会的地位可以从司法审判中得到说明。无论是

67

---

① 《政治学》,3.14,1285 b 6。
② 见格罗特:《希腊史》,第 2 卷,第 61 页。
③ "神授的权力"来自宙斯。
④ 修昔底德:《伯罗奔尼撒战争史》,1.15("有名人士的特权");亚里士多德:《政治学》,3.14,1285 b 5("依据法律的")和 21("一定的限制"),两者都将后世的思想转移到一个原始的、未定义的政府。"法律"(νόμος)的概念是后荷马时代的。
⑤ 亚里士多德:《政治学》,3.14,1285 b 9。德·古朗士(引自《古代城市》,第 204 页)认为:"王的主要职能是主持宗教事务。"经过对王三种职权的对比得出,王在战时的统领权是最重要的。
⑥ 格罗特:《希腊史》,第 2 卷,第 69 页。

王宣布判决,还是首领代为行使审判权,审判都在市政广场 agora 进行,从而起到宣传的效果。①

英雄时代的政体具有君主、议事会和公民大会,代表了之后希腊所有城邦的政府机构:地方行政官、"议事会"(βουλὴ)和"公民大会"(ἐκκλησία)。独立的地方行政官统治城邦,建立了(宪政的或专制的)君主制。在寡头制和贵族制中,议事会代表特权阶级的利益治理政府。在民主制中,民众能够在公民大会上表达意愿。但是,公民大会不再是传说时代中那沉默不语的、顺从的集会,而是一个主权机构,民众可以畅所欲言,用他们的言论为政府助力。②

① 除了荷马引用过,赫西俄德的《神谱》中"贪图礼物的王公"做出判断(1.39),很明显是在广场(1.29)。
② "言论自由"(παρρησία)是民主制的普遍原则。引自德摩斯梯尼:《演说辞》,19.184 对该政体的描述,"言论中的政体"。

第二十三节　从君主制转向贵族制

君主制向贵族制的转换发生在早期社会,相关记载多属史诗传奇,因此,当我们探究发生场所和原因时,就为我们留下了足够的想象空间。但有一点同样重要并确定。如果我们撇开建立在征服基础上的贵族制,这种变化的连续性未曾中断,也未涉及思想革命:这其中几乎没有暴力,最常见的是循序渐进的,有时几乎是无法察觉的。其原因在于,希腊的君主制与贵族制之间存在许多相似的特征。①如孟德斯鸠所描述的,"贵族制就相当于一个有许多君主的君主制",当首领在他们自己内部平等分配权力,人们就不会产生暴力的想法。变革往往是出于贵族利益的需要,而非普通民众的。"革命不是下层阶级所为,而是那些试图维护统治的贵族阶层所为,虽然下层阶级希望推翻当前的政体。"②

变革被认为是从君主制向贵族制转变的最普遍的原因。亚里士多德提到,王放弃了某些特权,③也谈到了宣扬美德,最终使人们建立了共同的政体。④诸多解释都表明,王的权威在日趋下降,从而使得大君主与首领的地位相差无几。此外,亚氏还在其它地方提及军事变革使得权力落入了"骑士"⑤的手中。在这里,这些骑士可能被当作贵族。一个软弱无能的人也可能成为国王。君主需要在

① 根据亚里士多德在《雅典政制》里的论述,意图确定雅典的"王政"结束的时间是困难的。
② 德·古朗士:《古代城市》,第 301 页。
③ 《政治学》,3.14,1285 b 15。
④ 《政治学》,3.15,1286 b 8。在本书第 22 节,注释 8 中引用。
⑤ 《政治学》,4.13,1297 b 16。

古希腊寡头政治：特征与组织形式

战争中指挥作战，如果他不称职，抑或是因为在和平时期不需要统帅，那么这无疑会使他的权威为他人所代替。①

另一个原因是与小的共同体联合而形成较大政治组织有关。这样的过程，希腊人称之为"聚居"（συνοικισμός），在这个过程中，废除了各自为政的小首领的权力，②通过授予他们新城邦中贵族的特权，来弥补他们丧失的独立性。在新城邦中，无论主要的权力是否仍然掌握在王的手中，都不重要。贵族的特权限制了首领的权力，并且贵族的基本条件也得到满足。③这个过程是城邦对部落的胜利，而且这点在雅典的历史中得到了最好的阐释。④但是，同一城邦的历史说明了（部落）贵族对丧失先前的地方自主权表现出了反感，他们趋向于恢复之前独立的部落体制。⑤

至高无上的权力从单一的君主手中转到君主式的家族所有，这种转换产生了贵族制的特殊形式，而从这个君主式的家族之中产生了贵族阶级。这个主题我将会在下文中详细论述。⑥

另外还有一个原因那就是外族势力的入侵，这些外族人依靠精湛的战术和更为精良的装备，⑦战胜了当地的居民，使当地人沦为农奴或处于从属地位人，这些入侵者则成为统治阶级。无论这个政体是不是君主制的，我们都可以将其视为具有贵族制本质特征

---

① 根据亚里士多德：《雅典政制》，3.2，雅典任命"军事执政官"的原因是"有些王者执政官在战争中表现怯懦无能"。

② 贝克尔：《古希腊奇闻轶事》，第257页。"出身高贵的人……分享王权的长老会"保留了雅典贵族出身的一点蛛丝马迹，这些家族曾经拥有王位。也可参阅普鲁塔克：《提修斯传》，32。

③ 在雅典，与王不一致的是，世袭贵族在城邦中形成一股势力，监督君主制中的绝对权威。这个可能是对长期以来传说的解释，提修斯建立了"民主政体"，并且构建了一个"不再是王制的政府"。

④ 见附录A（本章末）。

⑤ 见附录B（本章末）。

⑥ 见第四章，第33节。

⑦ 多利亚人大概有两项优势。因此，他们被认为是引入重装步兵战术的民族，他们击败了战车和轻装装备。这为我们假设作为"铁器时代的多利安民族"战胜了之前的"青铜器时代的希腊人"提供了依据。

的,征服者享有相对优越的特权。在入侵伯罗奔尼撒后,多利安人建立了若干个贵族制政体的城邦,它们遍布伯罗奔尼撒半岛,这也是色萨利和波奥提亚政体具有相同起源的原因。

第二十四节　贵族制建立与政府的变化

我们从之前对贵族制转变的描述可以推断,政体变革的要求既不是很多,也没那么重要。发生变革的实质是维护贵族阶层的权威而对抗单一君主或行政官的权威。因此,议事会使贵族承担了更为重要的职权,而民众的公民大会的权重还不及君主制统治下的公民大会。王的命运在不同的城邦各有不同。在希腊,巴昔琉斯(βασιλεύς)这个头衔是一个运用比较灵活的术语;①而且这一头衔即使在君主制被废除之后还得以保留。巴昔琉斯也许逐渐成为临时的或负有责任的地方行政长官,抑或是许多巴昔琉斯取代了之前唯一的王。②

在一些城邦,设立了一些有特殊头衔的新地方行政官,他们获得了王的部分权力。因此,在雅典,军事执政官(polemarch)、执政官(archon)与王共同执政。随着时间的推移,王成为三者中最不重要的一个。在麦加拉,王与军事统帅之间的权责划分也与之类似,并且还有与之相关的传说。③逐渐地,更多的地方行政官分管城邦的行政职务,并且,亚里士多德把后来的名义上的王归入终身将领或宗教行政官。④

在任期问题上,雅典出现了从终身的世袭国王到选举出的名年地方执政官的转变。依旧是在雅典,据称,王的职责只是有名无实。也许,在许多城邦,议事会都掌握了地方行政官的权力。

---

① 霍尔姆·本格森:《希腊史》,第1卷,第318页。
② 在斯巴达,王权划分给双王(这就减弱了政治机关的重要性)。但是政体的起源却是发生在史前社会的。也可参阅第4章第33节。
③ 保桑尼阿斯:《希腊志》,1.39.6。
④ 《政治学》,3.14,1285 b 14。

第二十五节　从贵族制向寡头制的转变

从君主制向贵族制的转变,尽管是涉及政体形式的改变,但它对当时社会的普遍情绪没有产生破坏性的影响,但是谈及寡头制,即使它不需要改变政府的外部形式,还是与最重要的社会运动相关,并且对人们的思想进行了一场彻底的革命。

在贵族制社会中,各阶级处于森严的等级制度的桎梏下,统治阶级形成了一个密切的团体,他们仅在集团内部通婚,[1]维护他们对政府机密(secrets of government)的垄断,将法律、军事和宗教功能统统掌控在本阶级内部,对臣民施行绝对统治。在多数城邦,他们的权威被奉为神圣不可侵犯的,这是几个世纪以来的惯例;在其他城邦,正义的(right)征服者将其神圣化也同样是有效的。[2]遵循统治只是一种本能:贵族是"善的"和"最好的",被统治者则是"卑劣的"和"懦弱的"。拒绝服从贵族的统治是有罪的,[3]因为他们是神的选民,神给了他们权力和财富,[4]并且只有他们才能与神沟通。

73

---

[1] 关于这点,并没有很多的证据:但是它通常是贵族之间亲近的特征。希罗多德:《历史》,5.92,记载了科林斯的统治阶级巴克阿德斯家族(Bacchiads)的通婚,我们可以从塞奥格尼斯(Theognis)的诗文中推断麦加拉(Megara)的(见注释19)。参阅罗马婚姻的禁令。

[2] 布伦奇利:《邦国理论》,第247页。"古代人把战争看作是一项重大的国际诉讼,并且把胜利当成是神支持胜利者的判决。"

[3] 参阅色诺芬:《拉开代梦政制》,8.5,"拒绝服从该法律的人,不仅是违法的,也是渎神的"。

[4] 认为权力来自神的信仰的观点并无证据支撑。它是早期社会的政体中所固有的观念。土地,被认为是财富的实体形式,据说是神赐予的,由于这个原因,把土地与其他财富形式区分开来。参阅梭伦(Solon),残篇,13.9—13;塞奥格尼斯,197—202。

古希腊寡头政治:特征与组织形式

　　为了推翻贵族制政府,以寡头制取而代之,他们用财富代替"美德",①忽视神的力量并且使他们从大地离开,②赋予强权以权力,废除特权,并且让社会力量得以不受压制地发挥作用。

　　变革对贵族的地位产生的影响是重大和具有破坏性的,贵族阶级不经历一番苦苦挣扎是难以接受的。抒情诗人的诗文对这种冲突进行了记载,多数贵族挥霍无度、家族败落,他们一边诅咒(新生的)财富阶层和卑劣者的势力崛起;一边哀嚎"善德"的人丧失了权威。没有比梭伦(Solon)和塞奥格尼斯(Theognis)的记载中有对革命更为生动的描述,或是对当时舆论的更好反映。他们二者中一个是过去和未来之间的调解者,试图把不和的各派系联合起来,恢复城邦的和平与秩序;另一个则认为变革是不可调和的敌人,拒绝接受这种不可避免的改变,仍然坚持旧的贵族制。在塞奥格尼斯的时代和麦加拉(Magara)政体的实行时间上是否一致,还存在不确定性。塞奥格尼斯生活在一个变革的时代,他的诗中提到的应该不止一个政体,但是他的一贯态度是贵族对富裕(财阀)阶级的敌对,对新生的掌握权力和获得荣耀的富裕阶级的激烈反抗。③

---

①　参阅柏拉图:《理想国》,8.550 E 和 551 A,对比了"钱财"和"美德",特别是"一个城邦尊重钱财和有钱的人,美德和好人就不受尊重了"。

②　参阅塞奥格尼斯,1135—1150。"众神离开了大地。"

③　我们能够推断贵族出身的多利安政体在麦加拉被特阿根尼(Theagenes)推翻,在特阿根尼被驱逐后,多利安政体也并未得到恢复。也许,富人寡头制紧随其后(参阅普鲁塔克:《希腊研究》[Q.G.],18),在通过暴民政治之后取得胜利,暴民政治后,寡头制可能被恢复过(威尔克[Welcker]指出在亚里士多德:《政治学》,8.5,1304 b 35 和 6.15,1300 a 17 中涉及了这个阶段的记载,但是看起来他们与公元前424年的事件更加吻合)。我们并不能确切得知塞奥格尼斯记载的时间;他对富人寡头制比对民主制使用的语气更为自然。无论如何,贵族制还是并不久远的过去,诗人表现了贵族对不论贫富的普通民众的厌恶。

考厄:《迈加拉和雅典的派别与政治家》(F. Cauer, *Parteien und Politiker in Megara und Athen*)尽力讨论了麦加拉贵族制的倾覆及其原因,但是我并不认同他的观点,他说,"我们能够把塞奥格尼斯不同的诗歌归到不同的创作时期",从而在他的角度发现了明确的变革的痕迹。赫尔·考厄假定从个人和政(转下页)

有种情况尤为适合寡头制的特点，它的起源可以追溯到货币的发明，而非其他事情。它是对财富的再分配，来自贸易和手工业，而货币的引入也提供了可能性，使得新的社会阶级成为城邦的掌权力量。但是，这些物质因素还需要道德因素的催化。迄今为止，曾经被认为是贵族的绝对权力的东西，现在被看作是可憎的特权，如果当关系到政府、宗教事务、固定习俗以及社会分化等问题上没有深刻的思想变化，那么，其中所涉及的思想革命不可能实现。

这些变革直到证实了贵族统治对被排斥者进行了压迫之后才发生。①闭塞的社会——建立在世袭继承的基础上，实行内部通婚维护阶级统治——自然而然地会渐趋狭隘，而且它越狭隘，社会就越专制。当土地成为财富的唯一来源时，土地所有者就易于利用垄断进行压迫，并且为了自身利益强制施行债务的相关法令，使得其他阶层沦为更低层的被统治者。②滥用权力激起了人们对贵族更大的敌意。这种政府的堕落也让我们看到了柏拉图和亚里士多德对贵族制和寡头制进行伦理区分的基础。寡头制是优良（good）政体的变态形式，亚里士多德解释到，这种政体每当统治者变"恶"，并且利用权力牟取金钱利益时出现。③只要土地是财富的主要或唯一来源，其他阶层就会处于依附贵族的状态，因为多数的土地把持在贵族手中。④普通民众为贵族耕种土地，另一些人受雇于他人，由

75

76

（接上页）治的角度是对下层阶级友好相待到拥戴暴民贵族制。在我看来，这种推测有点牵强附会，并且是没有必要的。

① 关于这点，参阅瓦尔德·福勒：《城市国家》，第 119 页及以下。

② 雅典和罗马的债务法令常被滥用，以达到引入（practical state of serfdom）奴隶的目的。我认为雅典的世袭土地所有者在梭伦立法之前都是不遗余力地使雇工阶级（Thetes）沦为斯巴达的希洛人。参阅亚里士多德：《雅典政制》，2.2（"他们成为富人的奴隶"）和 2.3（"奴隶地位"）。这就解释了他的禁令的重要性，"禁止以人身为担保的借贷"（9.1）被看作是所有方式中最民主化的。

③ 《政治学》，3.15，1286 b 14，"他们很快就堕落了，将公共财产中饱私囊，便自然转向了寡头政体"。参阅柏拉图：《理想国》，8.550 E。

④ 亚里士多德对"上流社会"（εὐγένεια）进行定义时，暗含了拥有土地这一因素（在第 6 节中论述），并且在许多城邦拥有土地还是获得政治特权的条件之一。见本书第四章，第 30 节。

于他们的报酬都以实物形式支付，因此难以积累财富和获得独立。

但是，随着贸易和航海的进步，殖民地遍布各地、兴旺发展，这就带来了致富的新途径，而土地致富的专属性却被剥夺了，使得工商业一时受到追捧。要解除土地贵族的"法定地位"，还有一件事是必不可少的，那就是引入适合的交换媒介。在公元前 7 世纪的希腊，发生了从物物交换到货币交换的转变，产生了一场经济革命。在这些转变发生之前，要想进行合适的职业分工，也不可能给各行业应有的报酬。

在希腊的许多城邦，贸易本质上还是贵族式的。许多与统治贵族关系密切的殖民地在追逐商业利益上表现得尤为积极。殖民时代——在一定程度上，起到了促进和保护商业利益的作用——要早于寡头政府的这一阶段。此外，还有许多贵族普遍参与或少数贵族参与商业贸易活动的特例。①但是，与土地财富不同，贸易和手工业不限制参与阶级，因此，除了贵族之外的其他阶级也能够积累财富。货币的引入，证明了工商业带来的优势，使雇佣劳动力得以从奴役状态中解放出来，同时也显示了财富交换的易操作性。因此，普通民众获得了上升到富裕阶层的可能性，而贵族由于不计后果地进行投机买卖和生活骄奢带来的物质基础丧失的可能性也同样存在。最终，外邦输入的谷物不可避免地对本邦农业产生了影响。②财富的扩散，使一些贵族陷入了贫困，让普通民众发财致富。③这些导致了城邦政治的不平等，需要重新调整。这个原因并适用于所有城邦。在有些地方，贸易从未被重视，严格的阶级差异仍然存在，并且旧贵族也得以幸存。④然而，在多数城邦，旧贵族都

---

① 贵族在殖民地进行的商业活动是显而易见的。考厄：《麦加拉和雅典的派别与政治家》，第 21 页，记载了麦加拉的贵族对邦际贸易尤为感兴趣。关于个人事例，我们还可以引用梭伦（普鲁塔克：《梭伦传》，2）和萨福的哥哥（斯特拉波：《地理学》，17.808）这两位人物。

② 参阅考厄：《麦加拉和雅典的派别与政治家》，第 18—19 页；布索尔特：《国家文物》，第 2 版，第 33—34 页。

③ 这就是塞奥格尼斯悲叹的负担，参阅 315。

④ 商业寡头从未在斯巴达和色萨利确立起来。

没有抵抗住富裕阶级的力量。①经济革命首先对社会产生了影响，然后就是带来了政治变革。阶级间的通婚变得屡见不鲜，②普通民众获得了参军的资格，③而且，在人们意识到变革之前，在一些城邦中，权力的天平早已从出身倾斜到财富上，而此时能做的可能就是接受既定事实并且扩大政府的基础。④

　　这样的社会和经济变革为贵族制向寡头制的转变提供了可能。但是这种转变很少立即发生。贵族并没有放弃抵抗、交出特权，而且出身和财富之间的竞争常常使城邦陷入派系纷争的状态，在公元前 7 世纪和前 6 世纪，有些城邦普遍出现了僭主制。⑤普通民众在人数和财富上占有优势，但是却没有形成领导者或组织，他们只能通过恢复君主制来推翻贵族制。僭主几乎无一例外地利用权势打破贵族的权力，并且剥夺他们的特权和威望。⑥在希腊，僭主只有一段短暂的统治，但是它被推翻后，即便有也很少建立起旧的贵族统治。⑦希腊人在多数城邦中实行了寡头制，⑧抑或继僭主之后直

79

----

① 参阅塞奥格尼斯，处处可见，尤其是 700；还有对"追逐金钱的人"的看法，出现在阿尔凯乌斯：《残篇》，49（贝克码）；品达：《地峡颂诗》，2.11。整个抒情诗都证明了这一点。

② 塞奥格尼斯，183 及以下。我们可以推测出其他城邦的相同结果。

③ 重装步兵战术的引入为军队向能够提供装备的普通民众开放提供了必要性。由于长期战争，城邦一度不能维持贵族与普通民众在这点上的区分。

④ 雅典的德拉古政制，在亚里士多德：《雅典政制》，4.2（"凡能自备武装的人拥有公民权力"），如果我们认为这个记载值得信赖的话，那么，只能说是法律认可的变革已经完成（这或许可以解释为什么会使用过去完成时 ἀπεδέδοτο（获得））。

⑤ 我不知道除了雅典是否还有其他这样的事例存在：继贵族制之后就是寡头制，并未出现僭主这样的中间状态。但是，雅典的梭伦政制并未达到效果，还需要僭主庇西特拉图（Pisistratus）打破贵族势力和肃清政治基础。

⑥ 柯蒂斯（E. Curtius）在《赫尔墨斯》第 10 卷第 232 页认为科林斯是个例外。"科林斯僭主与其他僭主不同，在其之后不是民主制，它保留了许多之前寡头制的成规（在出身方面）。"

⑦ 希罗多德：《历史》，3.50，提到埃皮道鲁斯的僭主普罗克勒斯；埃皮道鲁斯后来被贵族体制统治。亚里士多德：《政治学》，8.12，1316 a 34，提到卡里拉欧斯在斯巴达的僭主政治演变成贵族体制：但这可能不是一个普通类型的僭政。

⑧ 在麦加拉、西库昂和科林斯，僭主制之后就是寡头制。

69

接实行了民主制。①

　　有个因素在旧政府和新政府之间的斗争肯定有重大意义，我推迟到现在来考虑这一因素。部落与城邦之间的斗争，是古风时代历史的重要特征，它们为了政治特权，依靠城邦部落组织中贵族的个人影响斗得你死我活，结果证明了，若没有触及大家族的统治权，废除出身特权的尝试是一种徒劳。在希腊几乎所有的城邦中，都可以追溯到家庭、氏族和部落组织。②毋庸置疑，这些社会组织最初都建立在共同的起源上，③并且一度只有贵族才能获得特权，它们自然而然地成为政治组织，最后被看作为政体的必要组成部分。但是，这些组织具有宗教和政治的双重功能。每个部落、氏族和家庭都有自己的宗教信仰，虽然其他阶级的民众也能够参与神圣的仪式，但只有贵族能够单独与神沟通，正如只有他们能够掌控城邦的宗教事务一样。最后，这些家庭与某些地区相互联系④，贵族对定居在这些地区的其他阶级的民众实行统治，⑤打破他们在地方上的优势同废除他们的政治特权一样必要。

　　接纳普通民众进入城邦的最自然的方式就是向他们开放家族成员资格，其次是保留家族和作为政体组成部分的更大的社会团体。这个举措，可以追溯到雅典，在这里，虚构的共同信仰取代了

---

① 在雅典和伊奥尼亚的其他城邦，僭主制之后就建立了民主制，在那些地方，希腊僭主们为了波斯的利益而统治。

② 这些社会组织通常被称作"家族"（γένος）或"门阀"（πάτρα）、"胞族"（φρατρία）、"亲族"（συγγένεια）和"部落"（φυλή）。见吉尔伯特：《古希腊城邦手册》，第 2 卷，第 302 页及以下，以及在这里所引用的迪卡艾尔库斯（Dicaearchus）的作品。

③ 雅典不同"家族"（γένη）的名字都是源自父姓。

④ 阿提卡地区的许多村落都包含了贵族"家族"（γένος）的姓氏。公元前 6 世纪的地方派系都有贵族带领。

⑤ 贵族并不会轻易地放弃在其家族内的绝对统治。他们的贵族情感抵制着权力集中化，并且不断地主张家族的权力，反对城邦的权力。参阅德·古朗士：《古代城市》，第 312 页，"王权的推翻导致了'家族'（γένος）统治的复兴：各家族恢复了之前各自为政的生活，形成了诸多小城邦，世袭首领统治附庸阶层以及奴隶。"古朗士推断雇工阶级在梭伦之前很久就被迫沦为了奴隶。我认为并无论据支撑这个观点。

血亲关系,它成为衡量家族成员的资格。至少早在梭伦时期,就通过这种形式使家族向除了世袭贵族之外的其他两个较低阶级开放。但是这个措施并未削减家族内的贵族势力和他们的地方影响力。公民权不再限制在阶级内部,而是建立在宗教共同体的成员资格上,世袭贵族的影响力占据了主导地位,并且统治者也从世袭贵族中产生。民众仍然处于从属地位,特权的扩大并没有使他们从领主的影响下解脱出来,这个事例只是告诉我们,社会的民主制改革是多么无效,贵族政体的精神及组织完全遗留了下来。公元前 6 世纪的历史只不过是贵族家族的派系记录,直到克里斯提尼采取果断措施才彻底废除(贵族制),其改革用纯粹的、人为安排的部落组织划分代替了之前的家族、氏族和部落的旧体系。并且通过最为精密的制度防止地方派系的形成,以便使梭伦已经建立的民主政体得以实现。①

雅典的事例不仅昭示了瓦解旧部落联盟的重要性,还展示了要想使其解体是多么困难。很多情况下,僭主完成了这个任务。他们应运而生,代表普通民众的利益,打破贵族势力,(因为)这只能通过剥夺占主导地位的旧部落的权势来完成。我们无法辨别他们通过何种特殊的方式完成了这一任务:在多数城邦,贵族被流放了;在其余的城邦,如在西库昂(Sicyon),贵族们被降低了社会等级。②关于特权阶级和其他被排斥的人之间的争论,③我们也掌握

---

① 关于"家族"(γένη)在雅典国家中的地位,见附录 B,其中还讨论了克利斯提尼改革的性质和重要性。亚里士多德清楚地认识到这些措施的重要性。参见亚里士多德:《政治学》,7.4,1319b19,"此外,这样一类措施对于这种民主政体也是有利的,比如克里斯提尼在雅典为了增强民主体制所采取的措施,以及昔兰尼的开国者们为了增强民众权力而采取的措施。许多新的部落和胞族建立起来,私下的家族祭祀规模逐渐缩小,被并入公共的祭祀。所有的措施都是为了尽可能地使全体公民相互往来,并且废除原来的连接方式。"在一个寡头政治能够继承一个贵族体制之前,这些措施同样是必要的。

② 希罗多德:《历史》,5.68。

③ 这样的争论常常出现,尤其是在殖民地之前的定居者和后来的殖民者之间。参阅第四章,第 31 节。

了相关的证据，诸如，人为安排的部落组织代替了旧的部落体系。①
然而，即使没有有力的证据，我们也知道，在寡头制之前完成这项
变革还是有可能的。重要的是：推翻贵族特权，无论对寡头制抑或
民主制的实现，都是同样必要的。

　　我正在讨论的还涉及宗教变革。在雅典，通过宗教的想象，普
通民众获得了进入家族的资格。新的政治组织都有它们的宗教立
场，新的宗教仪式是顺应地区部落和德莫（demos）的需要而产生
的。从本质上看，贵族的宗教特权应该被废除，不仅是在部落及其
下属的组织中，在众多城邦里也是如此。因此，贵族政权的推翻往
往以新神和新的信仰的引入为标志，僭主努力获得各个重要宗教
组织的支持，显示出他们能敏锐地意识到宗教因素在政治事务中
的力量。

83

---

① 布索尔特：《拉开代梦人》（Busolt, *Die Lakedaimonier*），第 184 页，提出了埃利
斯的 10 个地区部落取代了 9 个血缘部落。这一结论来自保桑尼阿斯：《希腊
志》，5.9.6。在昔兰尼，其部落组织也发生了类似的变革，可参阅希罗多德：《历
史》，4.161，并且在注释 31 中，他引用了亚里士多德的一段论述，也许涉及这点
（吉尔伯特《古代希腊政治手册》，第 2 卷，第 230 页，赫拉克利德斯，《希腊历史
残篇集》，2.212，将其归于民主制后来的发展）。

第二十六节 公元前 5 世纪政体的发展

政体向寡头制的转变通常发生在短暂的僭主制之后。僭主制一度盛行于公元前 7 世纪到前 6 世纪期间,之后便产生了寡头制的劲敌——民主制。这似乎有些偏离主题——在这里,我们将试图去讨论民主制产生的原因,民主制于我们而言仅仅是为我们提供寡头制之外的另一种选择而已。在先前,我已依照政体对希腊城邦进行了区分,雅典和斯巴达作为民主制和寡头制的代表,一方是"自由和平等",另一方是"良序与理智"。①

公元前 5 世纪的事件表明它们的影响力。在提洛同盟和伯罗奔尼撒同盟中,正如我们以上所述,它们各自都为自己的原则对他人施加压力,我们可以举出阿尔戈斯和麦加拉建立民主制的例子,它们的民主制建立被认为是与雅典结盟的结果,②通常情况下,可以推断彼奥提亚民主制的建立是在奥诺费塔(Oenophyta)战争之后。③在伯罗奔尼撒战争期间,通过与民主城邦结盟,④或实行强制方式;雅典试图推进其民主事业,⑤而斯巴达则使用他们的权威加

---

① "自由"和"良好秩序"与"良好法制"和"平等"相对。

② 希腊联盟破裂,并且形成了各个独立的小联盟,这种情况最早始于公元前 461 年,它加重了政体的差异。能够证明麦加拉民主制存在于公元前 427 年的著作是修昔底德:《伯罗奔尼撒战争史》,4.66。阿尔戈斯在公元前 480 年实行了贵族制(希罗多德:《历史》,7.149),在公元前 421 年实行了贵族制(修昔底德:《伯罗奔尼撒战争史》,5.31)。吉尔伯特:《古代希腊政治手册》,第 2 卷,第 70 页和第 77 页,恰好暗示了政体的变更与那些和雅典处于同盟关系的城邦相关。

③ 以上的证据对这一结论并不足够有力。见布索尔特:《希腊史》,第 1 版,第 2 卷,第 493 页,注释 5,第 494 页,注释 1。

④ 雅典、阿尔戈斯、埃利斯与曼提尼亚(Mantinea)在公元前 419 年结成民主联盟。

⑤ 德摩斯提尼反抗波奥提亚的计划是与民主派支持者协商的结果,无疑旨在建立民主制。

古希腊寡头政治：特征与组织形式

强许多城邦寡头手中的权力。①西西里岛灾难之后，许多雅典的同盟城邦纷纷起义，其中，许多城邦还在反抗过程中就立刻建立了寡头制。②雅典人在埃戈斯波塔密（Aegospotami）海战或译羊河战役中遭到惨败之后，莱山德（Lysander）对希腊的几乎每一个城邦实行了绝对的、暴力的寡头制。③在一些城邦，斯巴达的政体被推翻，④但是许多城邦，寡头制还苟延残喘，直到斯巴达的权威在克尼杜斯（Cnidus）和留克特拉（Leuctra）战役之后被彻底粉碎。

---

① 展现斯巴达的影响力的例子是麦加拉寡头制的恢复（修昔底德：《伯罗奔尼撒战争史》，4.74）；阿尔戈斯短暂的寡头制的建立（修昔底德：《伯罗奔尼撒战争史》，5.81）；希库昂寡头制的加强（修昔底德：《伯罗奔尼撒战争史》，5.81）；阿开亚政体的干涉（修昔底德：《伯罗奔尼撒战争史》，5.82）。

② 修昔底德：《伯罗奔尼撒战争史》，8.64。

③ 普鲁塔克：《莱山德传》，14，"将政府置于十位执政官的统治之下"。参阅色诺芬：《希腊史》，3.5.12—13；狄奥多鲁斯：《历史丛书》，14.10。

④ 色诺芬：《希腊史》，3.4.2。

第二十七节　公元前 4 世纪政体的发展

　　到公元前 4 世纪,希腊的城邦政治状况相比公元前 5 世纪发生了显著的变化。无论斯巴达还是雅典都没有像以前那样占有优势;其他城邦的势力开始崛起,而且我们通常认为的小城邦也都能够自主选择政体。此时的总体趋势是民主政体和寡头政体的加强;并且在公元前 4 世纪末期,这两种政体都产生了极端的形式①,而对狭隘的寡头政体和僭主式民主政体(tyrannical democracies)较为熟悉的哲学家,他们的印象是,温和的与合法的政体较为罕见,②这最终给他们带来一种错觉:所有现存的政体都是变态的,③进而转向研究理想城邦,并以此慰藉自身。

　　虽然时代变化带来的趋势是强化当前政体的特性,但是当时的人们还是喜欢民主政体胜过寡头政体。导致这种结果的原因是多方面的。斯巴达的衰落、联盟的破裂、帝国地位的丧失,使许多靠武力胁迫实行寡头政体的城邦得到了解放。斯巴达这个最强有力和肆无忌惮地拥护寡头政体的城邦失去了影响力。

86

---

① 参阅纽曼:《导言》,第 417—418 页。"希腊城邦要么处于严酷的士兵统治之下,好战并且像斯巴达人一样热衷荣誉,要么就是被贪婪的寡头、蛊惑人心的政治家或僭主统治……我们从亚里士多德那里得知,温和的寡头政体和民主政体的确存在过,但是他对不妥协和坚决不与他者分享权力的政体进行了详述。"

② 见亚里士多德:《政治学》,6.11,1296 a 1。他讨论了极端政体"极端平民政体"、"极端寡头政体"和"僭主政治";他还提到温和的政体形式较为罕见,作出了以下总结(1.40),"中间形式的政体很少出现,也只在很少的地方出现过"。

③ 对于柏拉图而言,所有普通的政体都是变态的;甚至对亚里士多德来说,贵族政体(意味着正宗的寡头制)是难得一见的,因而被他视为理想政体,而民主政体会令人产生不愉快的联想,以至于"政体"(πολιτεια)被用来表示正宗的民主政体。

古希腊寡头政治：特征与组织形式

　　伯罗奔尼撒战争导致了相关阶级力量的变化,上层阶级的人数骤减,其财产大量流失。①与此相关的是雇佣军的引入,这削弱了公民士兵的重要性。

　　经济因素带来了同样的结果。贸易变得愈来愈重要,而且,总的来说,贸易最终都会有利于民主政体。因此,随着大型的贸易城邦的发展,那里的民众学会了了解自己的权力,并借助城邦社会主义(state-socialism)体系划分公共财产。这使亚里士多德得出了这样的结论:"在较大型的城镇中,除了民主政体之外,其他任何政体都很难存在。"②

　　公元前4世纪发生的重要事件带来的影响可以简单地忽略不计了。克尼杜斯(Cnidus)战役解放了小亚细亚③附近的岛邦,毋庸置疑,人们之后就推翻了许多莱山德式(Lysandrian)的寡头政体。④然而,在很大程度上,安塔西达斯(Antalcidas)的议和抵消了应该取得的效果。这一和约将小亚细亚的诸希腊城邦置于波斯的统治之下。波斯人的统治则是寡头制或僭主制,这些政体最终被亚历山大大帝推翻。⑤

　　公元前379年,忒拜发生的民主革命在各个方面都具有重要意义。彼奥提亚人实行了他们中心城邦(忒拜)的政体,一旦忒拜获得了希腊的至高权威,它就会运用权力建立起民主政体。⑥留克特

----

① 亚里士多德:《政治学》,8.3,1303 a 8(主要指雅典的情况)。

② 亚里士多德:《政治学》,3.15,1286 b20。修昔底德(6.39.2)说的差不多是一件事,"寡头政体就是你们当中有势力者和年轻人追求的,但在一个大城邦里不可能实现"。

③ 色诺芬:《希腊史》,4.8.1。

④ 关于这点的有力证据很少:但是许多城邦在克尼杜斯战役之后立即投入了雅典人同盟的怀抱。我们或许可以推断在不久之后就可以追溯到他们中的许多城邦都实行了民主政体,而现在则是取代了"十人执政官"的寡头统治(decarchies)。狄奥多鲁斯在其论著《历史丛书》,14.84中进行了暗示。

⑤ 普鲁塔克:《亚历山大传》,34中提到推翻了僭主政治,阿里安(Arrian):《亚历山大远征记》,1.18.1—2中对推翻寡头制进行了论述。

⑥ 尽管忒拜并没有干涉其他城邦的自主权,新建立的麦西纳(Messene)和麦加罗波利斯(Megalopolis)联盟似乎是也实行民主制的。

拉(Leuctra)战役宣告了斯巴达霸权的终结:伯罗奔尼撒同盟的许多城邦不再忠于寡头政体,接二连三的革命使民主政体大获全胜。①在公元前356年,神圣战争(social war)解放了雅典的同盟城邦,使他们有机会根据喜好制定政体,许多城邦似乎毫不迟疑地建立了寡头政体。②这些事件,以及忒拜人短暂统治的结束,移除了希腊政治中霸权的影响,并为政体的自由竞争提供了一段短暂的时期。但是,与此同时,马其顿的势力已经崛起,喀罗尼亚战役将希腊置于腓力二世的脚下。希腊不再独立,但是它的主人腓力二世对政体的斗争表现出漠不关心的态度,尽管这一度困扰了希腊人。对于腓力二世而言,无论寡头制、民主制还是僭主制都是一样的,只要这个政府能提供安全感,并且能服务于他的统治即可。③城邦的气数已尽,它的未来将是君主统治和联盟。我们读伊苏鲁斯(Isyllus)的诗歌,里面混杂着幽默和哀悯的心情,这位对当时所有真实的力量视而不见的人,吹嘘神的权威正在击退腓力二世,寻求希腊的救赎,期望回归到虔诚的、多利安式的、古老的城邦社会,他试图在多利安部落的贵族中寻找能与马其顿相抗衡的力量,这些多利安部落的贵族留着长发并建立了一个新的节日来纪念埃皮道鲁斯的保护神——健康和幸运之神——阿斯克勒庇俄斯。④

88

---

① 在阿尔戈斯彻底击败了寡头政治(狄奥多鲁斯,《历史丛书》,15.57);在西库昂,为了民主政治的利益建立了僭主政治(色诺芬:《希腊史》,8.1.46);在曼提尼亚(Mantinea)(色诺芬:《希腊史》,6.5.3)和泰格阿(Tegea)(色诺芬:《希腊史》,6.5.6),民主制也可能被恢复过。

② 在开俄斯、密提林、罗得斯以及许多其他城邦,寡头制也许就是在这段时间里建立起来的。见德摩斯提尼:《演说辞》,15.19,并参阅亚里士多德:《政治学》,8.3,1302 b 22和8.5,1304 b 25—30对罗得岛和科斯岛进行的相关记述。

③ 如果马其顿王国有理由觉得某城邦现行政府的言行令其产生担心,那么他就会干涉。因此,在忒拜,腓力二世建立了寡头制(oligarchy of exiles)(贾斯汀,9.4);在公元前332年,安提帕特(Antipater)在雅典建立了温和的荣誉政治(timo-craoy)。

④ 参阅维拉莫威兹·莫伦多夫:《埃皮道鲁斯的伊苏鲁斯》(Wilamowitz-Möllendorff, *Isyllos von Epidauros*),该诗出自此处。

附录 A　统一雅典国家的形成

　　在公元前 7 世纪之前，雅典的历史几乎完全建立在传说的基础上，这点可以根据后世的制度和资料来推断。传说的时代已经过去，但厄瑞克透斯（Erechtheus）、刻克洛普斯（Cecrops）、伊翁（Ion）和提修斯（Theseus）的故事却被看作是对现实的国王进行的真实记载。但是，从传说中获得一些历史证据也许是可能的，对其断然拒绝，与毫无保留地接受神话和传说一样，都是不明智的。①

　　阿提卡的统一经历了三个阶段，分别对应了三个国王的名字：刻克洛普斯、伊翁和提修斯。对比法应用于文明共同体的起源、雅典历史发展的趋势以及宗教节日的延续都显示出雅典的城邦是通过小部落共同体的联合，继而逐步形成的较大的组织。而且，至于刻克洛普斯、伊翁和提修斯这些王的名字是否真实地存在过，这完全不重要，如果我们追溯传说，就会发现关于他们的描述模糊不清，只是过程中的某些步骤而已。

　　在早期阿提卡的政治结构中，有许多古老的村落，村落里聚集了贵族家族及其追随者和附庸者。②不论是迫于武力，还是来自村落内部凝聚在一起的愿望，统一的趋势使这些村落认识到，它们在逐渐地形成更大的政治组织，而且刻克洛普斯的传说将"村落"（κῶμαι）联合形成了 12 个"城邦"（πόλεις）。③据此我们作出如下推

---

①　罗马史的实例告诉我们，良好的结果源于对传说进行理性的处理。

②　见 25 节的注释。

③　斯特拉波：《地理学》，9.397，引用了菲罗克洛斯（Philochorus）相关记载。对于采用数字 12 的原因很多，并不需要强调。

断:早期村落感受到共同防御外敌和共同治理的需要,联合形成了城邦,并构筑防御工事,以供面临危险时所用,①每个城邦都设有王的宫殿、议事厅及统治者职位。②或许,城邦就处于松散的联邦体系中,正如彼奥提亚和拉丁姆(Latium)的情况一样,在面临危险时,他们就意识到了单一的霸主的作用,尽管它们有各自独立的政府,相互之间也时常发生战争。③ 　　*91*

　　阿提卡统一进程中的第二阶段,与伊翁这个人名息息相关,他是伊奥尼亚人(Ionians)的英雄,他带领着定居在阿提卡的移民,④伊奥尼亚人因他而得名。⑤通过这种方式,借助传说将统一的情感散播出去,亚里士多德把伊翁视为阿提卡统一的第一个缔造者。⑥从其他方面来看,伊翁的存在都是重要的:他曾担任雅典的军事执政官,⑦这是雅典王权的一个组成部分,使我们联想到罗慕路斯的部落和塔提乌斯部落的联手,以及罗慕路斯和塔提乌斯对王权的划分。据说,伊翁还建立了四个伊奥尼亚部落,每个部落都设有一名"部落巴昔琉斯"($\varphi \nu \lambda o \beta \alpha \sigma \iota \lambda \varepsilon \dot{\upsilon} \varsigma$)作为统帅。⑧关于四个部落的起源、构成和建立目的仍然还存有争议,但是,如果我们认为它们符合当地的情况,我们就要追溯传说中阿提卡统一过程的重 　　*92*

---

① 在城邦建立过程中,防御工事通常是第一步。

② 修昔底德:《伯罗奔尼撒战争史》,2.15,"从刻克洛普斯的时代和最初的一些国王到提修斯,阿提卡的居民居住在许多'城邦'中,每一个'城邦'都有自己的政厅和官员"。我把"政厅"($\pi \rho \nu \tau \alpha \nu \varepsilon \tilde{\iota} \alpha$)当作酋长的住所。

③ 修昔底德:《伯罗奔尼撒战争史》,2.15,"只要没有什么恐怖的事情,他们就不愿意见国王,与之商议,他们各自管理自己的事务,自己内部议事;他们有时还向国王开战"。

④ 亚里士多德:《雅典政制》,41.2,"伊翁和他的同伴定居雅典之后,最早产生了原始的政体;因为这时最早把人民分为4个部落,伊翁被选任部落之王"。亚里士多德对伊翁的记载所保存的章节著作的开始部分遗失。

⑤ 赫拉克里特:《书信集》,第1章;参阅残篇,381,第3版。

⑥ 见本节注释10。使用"联合"($\sigma \nu \nu \varepsilon \nu \varepsilon \mu \dot{\eta} \theta \eta \sigma \alpha \nu$)一词指出联合城邦的建立。

⑦ 见亚里士多德:《雅典政制》,3.2,其他部分参见桑兹博士(Dr. Sandys)的注释。

⑧ 见本页注释4中所引用亚里士多德的段落。

要的第二步。①曾经聚集在城邦周围的村落，现在形成了四个部落，每个部落都有宗教或政治的联合团体，并设有一名"部落巴昔琉斯"(φυλοβασιλεῖς)执掌。当时雅典处于何种地位，其无上的权威是否得到认可，雅典的王是否对阿提卡的所有城邦实行宗主权，抑或只是所有巴昔琉斯中的一员，这些都不太清楚。但是，另一个传说能够提供些许帮助。根据斯特拉波的记载，所有阿提得斯（Atthides，阿提卡地方史）史家皆认同潘狄翁二世的四个儿子分别统治阿提卡的四个地区，他还引用了索福克勒斯（Sophocles）的残篇，举证埃勾斯（Aegeus）（接任塞克罗皮亚［Cecropia］）被分到最好的那个地区）。②把这四个地区与四个部落联系在一起，把潘狄翁（Pandion）的后代与"部落巴昔琉斯"联系在一起，看起来都是合理的。因此可以推断，雅典（时称塞克罗皮亚）只是众"部落"(φυλαί)之一，并处于中心地位，而它的领导地位通过以下两处体现：索福克勒斯给予的"使者"(πρεσβεῖα)的头衔；埃勾斯（据说是潘狄翁的长子）所得到的（最好的）地区。假设潘狄翁能够使四个儿子皆为部落的王，同时也就显示了其城邦的主导影响力。如果将巴昔琉斯纠正成为君王，统治阿提卡的大部分地区，那么，他们之前的统治所在地在雅典形成之后还得以留存，变成统一之后的阿提卡的办公官邸。尽管，他们起初获得了城邦的一些权力，③随着时间的推

93

---

① 我忽略了这个结论的证据。认为巴昔琉斯是最初掌握真正的王权的人是顺其自然的，想要构想出共同政府的任何体系适合部落而非地区，这都是困难的事情。吉尔伯特：《古代希腊政治手册》，第1卷，第116页，注释1，第2版。引自亚里士多德：《雅典政制》，21.3，"三一区"(τριττύες)（部落的下分单位）与地区划分相互对应，遵循了部落在所有这些地区中各占了一份。斯特拉波提到用四个地区区分部落（见注释16）更加确定了这一点。
② 斯特拉波：《地理学》，9.392（麦加拉和优卑亚）。也可见赫拉克里特：《书信集》，第1卷。如果产生了任何的压力，那么我们将推断这四种划分趋向于分散。
③ 关于他们后来与巴昔琉斯的交往，见吉尔伯特：《古代希腊政治手册》，第1卷，第120页，注释1，第2版，总结了他们形成的城邦的议事会，协助王的事务以及代表部落的利益。

移,也只剩下特定的仪式功能了。①

　　四个独立王国的存在可能会引起竞争与不和,而且统一进程的第三阶段被归于埃勾斯的儿子提修斯,据说他使阿提卡实现了"聚居"(συνοικισμός),他压制了雅典之外的所有城邦,并使雅典处于联合城邦政府中最重要的位置。②关于他的功绩,人们争论较少,我想要谈论的唯一一点就是,他将人群划分为贵族(Eupatridae)、农民(Geomori)、工匠(Demiurgi),据普鲁塔克所言,这是提修斯的做法。③但是,这种划分明显不是刻意为之的,在早期社会中,与三个阶级类似的划分是十分自然的事情。最令人满意的解释是,这些阶级与独立共同体在功能与特权方面相一致,在提修斯时代,这些阶级是统一城邦的政治组织的组成部分,并且它们还有各自独立的名称。④从这时,我们便可以开始追溯作为城邦的雅典的崛起,以及雅典人对其他人的统治。⑤

94

---

① 见桑兹博士(Dr. Sandys)对亚里士多德的《雅典政制》,3.2 的注释。一般认为,"部落巴昔琉斯"(φυλοβασιλεῖς)是"巴昔琉斯"(βασιλεῖς),见普鲁塔克:《梭伦传》,19;安多基德斯:《演说辞》,1.78。

② 修昔底德:《伯罗奔尼撒战争史》,2.15。

③ 普鲁塔克:《提修斯传》,25。

④ 这一理论为各个相异阶级的得名作出了满意的解释。我假设独立的共同体中存在类似的阶级划分,但却没有共同的名称。世袭贵族(Eupatridae)——明显是人为的命名——是独立共同体的首领(贝克),毋庸置疑,它源自于家族中的父姓。其他阶级引用的各种各样的名称指出了在不同共同体中具有不同名称的这样的社会秩序的存在。因此,Geomori 也被列为"耕种者"(Γεωργοί)、"乡下人"(Ἄγροικοι)、"农村人"(Ἀγροιῶται)、"殖民者"(Ἄποικοι);Demiurgi 也被称为"脱离土地者"(ἐπιγεώμοροι)。

⑤ 迈耶:《古代历史》,第 2 卷,第 336 页。

附录 B　雅典的家族及其在早期政体中的重要性①

在上个附录中，我已经大致追溯了阿提卡逐渐统一并形成统一政府体系的进程。在政体中，形成了专属于贵族的特权，②他们在各方面占据主导地位，因为社会就是建立在贵族制的基础之上，城邦各区的居民依附贵族家族，这些家族的成员构成了雅典的统治阶级。

城邦建立在"家族"（γένη）、"胞族"（φρατρίαι）和"部落"（φυλαί）的基础上。部落的起源在前文已经论述过，如果部落形成了阿提卡的地区划分的这一推断是正确的话，我们或许能够认为，部落包含了所有阶级的人，但是，通常情况下，胞族、家族以及再细分的组织皆建立在出身的基础上，除了世袭贵族外，他们最初都是身份相近的。因此，他们构成了贵族之外的人员，我们可以合理地得出结论，家族的成员资格是获取公民权的必要条件。梭伦立法打破了出身特权的专属性，为公民权提供了其他的资格条件，但是它既没有废除城邦的部落组织，也没有消除其政治上的重要性。

我们现在可以看到，非世袭贵族在获得公民权时，是如何与既存的旧的出身组织之间达成和解的。但我们并没有直接证据，并

---

① 以下附录，一如下文，意图引起对某些重要问题的注意，而非讨论其他的理论或引用全部的证据。这个主题极其复杂，而有关于此的所有结论或多或少是较为初步的。我延长了附录，为了提议一个校正，在亚里士多德的《雅典政制》，22.4，对我而言，它包含了一些重要的地方。

② 对于雅典的早期贵族政体，尤其在亚里士多德的《雅典政制》，第 2 章和第 3 章可见。

且这一结论还存在极大的不确定性。①

在语法学的著作中,有几段相关记述都提及了阿提卡的部落组织,从本质上讲它们都是一致的,可能都来源于亚里士多德,②因为其中的两个引用了亚里士多德的话,③提到雅典的人口被分为三个阶级,四个部落。每个部落各有 3 个三一区,每个三一区设有 30 个家族,每个家族包含 30 个公民。哈尔波克拉提昂(Harpocration)提到,所有的公民都被分配到"部落"(φυλαί)、"胞族"(φρατρίαι)和"家族"(γένη)当中。此外,有证据表示亚里士多德假设了一批 10 000 个以上的"生产者"(γεννῆται),尽管这些数字明显是空想的、本土造的,不过显然,亚里士多德无法想象仅仅是世袭贵族就能达到以上提到的这些人数。关于这一复杂体系形成的日期,唯一线索就是这样一份声明:"克里斯提尼引入其部落划分方法之前",他们就是按这种方法划分了人口。④在这个引文中,所描述的体系只接纳世袭贵族,这个机制的产生并不一定早于德拉古和梭伦改革(持续到克里斯提尼时期),尽管将世袭贵族划分为家族、胞族和部落或许是始于早期社会的自然做法。这是主要且直接的证据,或许还有许多推断作为支撑,但是,要是单独看这个声明的话,其意是明确的。除了说明所有的公民,不论是否是世袭贵族,都能获准进入

97

---

① 在最近的记载吉尔伯特的《古代希腊政治手册》,第 1 卷,第 117 页至 119 页,第 2 版中,提到"起初,只有世袭贵族被看作是氏族和家族的成员……至少在德拉古时代之后,结果是,自由民主体、氏族还包括非世袭贵族成员";布索伊:《古代国家》,第 126 页,注释 1,第 2 版,说道"在梭伦时代,至少较低的阶级受到部落的承认"。但是,他暗示了他们并不是家族的成员;图姆泽(赫尔曼:《教科书》,第 6 版,第 312 页)似乎认为家族确实包括非世袭贵族,尽管他并不确定他们是否有特殊的家族,或者他们是否得到了旧家族的认可。迈耶:《古代历史》,第 2 卷,第 311 页,认为在相对较早的时期,整个人口被划分成家族的形式。

② 主要的一段记述是 Sakkelion 一词(由桑迪斯教授在他主编的亚里士多德的《雅典政制》第 252 页);柏拉图:《阿克希奥库斯篇》,371 D 的古代注疏;波鲁克斯:《辞典》,8.111;哈尔波克拉提昂:同上,"生产者"(γεννῆται)。

③ 阿斯脱:《柏拉图著作字汇》,古代注疏。毋庸置疑,它们建立在亚里士多德的《雅典政制》已遗失的段落。

④ 阿斯脱:《柏拉图著作字汇》,同上。

家族、胞族和部落之外,似乎不能再赋予它任何其他含义了。

接下来,我们将要讨论是什么使得家族对农民和工匠开放。完成这一开放的标志就是新家族的建立,新的家族要求他们也要登记在册。关于这种方式,并没有相关的证据,也没有任何事物能够证明后来独立的非世袭贵族家族的存在。考虑到这一时期历史资料不完善的特点,将此完全归咎为历史学家的沉默是不可靠的,但是他们不可能集体忽略出现的新家族,也更加不可能不去提及关于允许后来的公民也能加入各个公民组织的内容,他们可能会认为这一步隐含在允许农民和工匠加入公民团体的声明中。而且,部落和胞族的数量并没有改变。正如我们期望的那样,家族的数量得到了大幅度的增加。想要否认这一假设,我们需要得出结论,这些已经存在了的家族是对所有的公民开放的。的确,家族理应建立在亲属关系之上,但是,在早期社会,法律拟制(legal fiction)并没有比"允许人为制造的家庭关系"得到更为频繁和广泛地应用。①这种方法是原始立法的一种特征。此外,将新公民纳入旧的家族体系中,其背后还有更为有力的动机。我们对早期雅典历史的整个构想,需要先对阿提卡世袭贵族家族进行划分,在父权关系中,每个世袭贵族家族都有来自城邦其他阶级的附庸者。世袭贵族的权力依赖于依附者的忠诚,我们能够想象,当世袭贵族感觉有必要扩大其管辖范围时,他们更乐于接受新的附庸,如果公民的特权或者公民权力的实行要依赖于组织的成员关系,这个组织里的成员便都具有权力。关于家族的理论,在各个方面与我们所了解的公元前6世纪的雅典历史相互印证。这个时代以大家族与地方派系之间的斗争为特征。它不是一场贵族反对平民大众的斗争,而是派系之间的对抗,这些派系都有贵族领导者,并且派系内部包含了所有的阶级。

下一个问题是,是否有允许非世袭贵族成员进入家族体系的任

---

① 梅因(Maine):《古代法》,第 130 页。

何证据。没有什么比这个更难,或者能够产生更多争议的话题了。资料能告诉我们的毕竟很少,并且它们互相之间还存在冲突,因此我们无法得出可靠的结论。①但是,语法学家认为"生产者"(γεννῆται,一般意义上的家族成员)包含两个阶级,即"同氏族的人"(ὁμογάλακτες)和"宗教团体的成员"(ὀργεῶνες)。许多理论解释了这种区别,②总的来说,最令人满意的是,假定"同氏族的人"(特殊意义上的"生产者")是家族中的原始世袭家族成员,他们可以追溯到他们的共同血统,而"宗教团体的成员"(代表那些共享家族宗教仪式的人,严格来说包括家族中的所有成员③)是具有特殊意义的,他们是通过虚构的共同宗教仪式而被接纳到家族的非世袭成员。这种虚构的接纳方式逐渐把家族变成一个政治组织,而且很有可能发生在克里斯提尼之前,它是对人口的一种人为划分④。

100

若不是更早的话,到梭伦生活的时代,平民被接纳为公民。梭伦改革使得他们在政治上得到解放,但没有影响到阿提卡的部落组织:公民权的特权取决于家庭,这是一种受贵族主导的组织。因此,如果梭伦剥夺了贵族的政治特权,他们的个人影响却没有受到损害。因此,他的改革对雅典历史几乎没有实际意义。

在他离开雅典后,派系之争和内部叛乱立即爆发⑤,他的宪政

---

① 波鲁克斯:《辞典》,3.52;8.111;《苏达辞典》,"同氏族的人"(ὁμογάλακτες)和"宗教团体的成员"(ὀργεῶνες);哈尔波克拉提昂:同上,"生产者"(γεννῆται);贝克:《轶事》,第 227 页,9—15。这一区别在《苏达辞典》引用的菲洛克鲁斯的作品中最为明确。至少在德拉古时代,允许非优良出身者加入该部落,是由德拉古的法律所确立的,在德摩斯提尼:《演说辞》,43.57,"按照出身"(ἀριστίνδην)除了"来自贵族"外,几乎没有别的意思。

② 图姆泽(赫尔曼:《轶事》,第 6 版,第 319—320 页)假设这些人是在埃留西斯成立后被接纳的"宗教团体"(ὀργεῶνες)新成员。

③ 贝克,出处同上。从这一点看来,"宗教团体的成员"(ὀργεῶνες)是足够广泛的,包括所有"生产者"(γεννῆται),但似乎从其他段落可以得知,它是特别用于反对"同氏族的人"(ὁμογάλακτες)的词语。

④ 贝克,出处同上。

⑤ 亚里士多德:《雅典政制》,13。在驱逐达马西亚斯之后达成的妥协,似乎表明了两个法令之间的发生某种事,但这一事件太模糊,对我们帮助不大。

似乎从未真正得以实现,直到克里斯提尼对体制进行改革后,梭伦设计的机构才能够开展工作。克里斯提尼的改革并不是要在宪法中引入新的原则,以增加人民的权力,或者在很大程度上扩大选举权。它的目的和作用是改变社会组织,打破世袭家族成员的个人影响,使政府的行为与家庭的任何联系脱节。讨论克里斯提尼的改革超出了本文的范围,但我要分析一下他的改革事宜,因为它揭示了梭伦宪政中的贵族组织。

亚里士多德的《雅典政制》第21章对他的改革做了最清楚的描述。引进十个新部落不需要再做评论,它的目的是"混合(人口),以便更多的人参与政治"(该书第21章第2节)。"让不同部落的人混杂,这样可以使得更多的人参与政体"。这段话的意思不明显,但最后一句话最重要。"有一句话是这样说的:'不要区分部落'是针对那些想查明家庭的人的"。在新的政体中,家庭与当地部落没有联系,而家庭成员资格不再是具备公民身份的必要条件。新的公民已经被创造出来了,他们不属于旧的家庭,由于他们的存在,雅典人要避免提到家庭,但是如果我们假设,只有世袭家族成员才能够加入家庭的话,这段话就毫无意义了,我们也不必讨论克里斯提尼引入的地方组织(该书第21章第3和第4节);但在本书第4节的结尾有一段话需要解释,我大胆地提出,还有一段话需要修正。

文本如下:他规定所有住在同一德莫的人彼此是德莫之人,使得人们不用父名称呼别人,而是用德莫名称呼,以免新获得公民权的人引起注意;因此,雅典人用德莫的名字称呼姓氏。

读了这段话,我觉得它毫无意义。首先,一个希腊外邦人没有理由引用他父亲的名字来声明他不是雅典人。在不同的国家发现过许多相同的名字:断定一个名字是否是起源于雅典,这是不可能的。其次,在克里斯提尼执政前后,在雅典人的名字中,父亲的名字是一个正式组成部分,当一个男人加入德莫时,他并没有失去使用他父名的习俗①。但是，如果我们假设在克里斯提尼之前，一个人使用着外邦人的名字②，如果他的公民身份取决于他是一个家庭的成员，那么克里斯提尼确实引入了一个变化，显而易见，这个人的品行是加入家庭的原因。而在我看来，这一变化所需的确切解释将通过修改一个字母，替换罕见的πάτραθεν（"来自父亲一方"）一词而得到，这个词可能已经被人们更为熟悉的πατρόθεν（"来自父亲一方"）淘汰了。πάτραθεν在"氏族名"的意义上，将家庭的旧组织与德莫的新组织进行对比，其动机是"公民不再被其家庭称为公民"，以免新公民（未被纳入家庭的公民）立即被查明；他们将在其德莫中登记。这与第二部分的内容一致。一切都是为了防止家庭对政治产生任何影响：一方面，新公民必须与旧公民保持平等，另一方面，人们必须仅仅作为公民而不是家庭的成员来行使他们的政治权力，并尽一切努力阻止同一家庭的成员之间联合行动。

　　我现在必须尽可能确定πάτραθεν一词的用法。我认为，这一形式只在现有文献中在一处使用过（品达：《尼米亚颂词》，7.70）。品达通过引用其氏族来表达对一个人的敬重。然而，πάτρα这个词更常见。它有两个不同的含义，父权（即氏族，因此相当于家族）和父邦。在前一种意义上，迪卡埃阿尔库斯（Dicaearchus）将其定义为与家族等同，铭文证明它在塔索斯、罗得岛和其他地方也被如此使用③，品达经常将它作为οἶκος（"房屋、家庭"）和γενέα（"家族"）的对应词来使用④。在其他地方（在旧伊奥尼亚方言中），在词典中，它

103

———————

① 这种做法是如此统一，似乎没有必要举出例子来。如果需要的话，那就是克里斯提尼之后几年的陶片放逐板（由桑迪斯博士：《雅典政制》，第88页引用），这些证据是足够的。

② 有许多例子引用了一个人的"家族"：希罗多德：《历史》，5.55，5.56；亚里士多德：《雅典政制》，20.1。

③ 《希腊历史残篇集》，2.238。吉尔伯特：《手册》，第2卷，第302页引用了这些铭文。

④ 品达：《尼米亚颂诗》，4.77；6.41；8.46；《皮提亚颂诗》，8.38；《地峡颂诗》，5.63（均提及埃吉纳）；《尼米亚颂诗》，11.20（提及特涅多斯[Tenedos]）。

几乎总是意味着πατρίς（"父邦"）①。

　　我们是否能假设，公元前 6 世纪时，在阿提卡使用的πάτρα在某种意义上可能包括了父权和父邦这两个含义，而且πάτραθεν至少有一种特殊的"由他的氏族"的含义吗？我们知道，这个词在其他的伊奥尼亚共同体也有这样的用法，它可能是γένος（"家族"）古风时代的用法，可能是亚里士多德从克里斯提尼的法律中引用的②。

① 荷马：《伊利亚特》，13.354，它用的是父辈的意义；还有在希罗多德：《历史》，6.126，如果我们能把它翻译为血统，会有更好的效果。

② 有没有可能"祖先的"（πατρῶιος）与πάτρα有关，πάτρα是氏族的神，而 *patricius* 在拉丁语中可能与一个意思相似的词有关，最初指的是那些最初的氏族（*gentiles*）中真正的成员？

第四章　寡头制的多样性

第二十八节　分类原则

在前面几章，我们了解到，不论是研究政体的特征，还是追溯其历史发展，在讲究出身的贵族政体与追求财富的寡头政体之间都有一个明确的分离原则。但是，当讨论到政府的组织、政治职能的分工和政治制度的细节时，我们都不再能够将这两种政体分开：一方面，寡头政体制度的特征只有通过追溯其在贵族制城邦中存在的原始类型方可理解，另一方面，两种政体的形式和方法之间存在着普遍的相似性，若要考虑其中一个而排除另一个的话，那将毫无意义。除了在公民权资格上的要求不同，以及其他原则上的变化将这二者区别开，他们将会被同等地对待。

首先，我们必须找出一些原则，通过这些原则可以区分不同形式的寡头政体。寡头制是"一个部分人"而非全体人的政府，它们通过某个原则选择民众，原本平等的人们被分为两个阶级：部分的少数人拥有政治特权，被看作是"政体内部的人"，余下的人没有政治特权,被看作是"政体外部的人"。①这个特点为寡头制的细分提供了令人满意的标准,可以按照公民身份所需的条件将他们分类,我们使用"权威"这个词表示积极的政治权力。②在所有城邦中,公民资格条件并非与地方行政官的资格要求一致,③但是这种区别对我们的分类没有重要影响。

接下来,我将讨论不同种类的寡头制,这一原则使我们能够区分不同寡头制。这种分类必然是经验性的,并且不够完整。我已经搜集了有效的证据,它们都是关于贵族制或寡头制的不同的分类方法,但是我一直无法避免证据之间相互交叉的现象,许多特殊的政体可能被归类到不止一个分支中。在某些情况下,"讲究出身和土地的贵族制"包含了"征服后的贵族制"或"王族的贵族制":当贵族政治变得狭隘倒退时,便变成了一种"王朝式的政府"。我们讨论资料中所提到的所有形式似乎是最好的处理办法。

---

① "城邦中的人"或"政府中的人"与"外来者"或"政体外部的人"的区分,这是寡头政治的特征,反复出现在亚里士多德的作品中。不必引用实例:这两个阶层都包含在《政治学》,8.8,1308 a 6。特权者通常被称为"政府中的人",并且被定义为"城邦中有权力的人"。见《政治学》,3.6,1279 a 25;1279 b 11。

② 我在第 4 节第 2 个注释中已经引用了亚里士多德关于"公民"的定义。我们需要记住,他使用权威(ἀρχὴ)这个字眼包含了所有的政治职能,他在同一段文本中,解释了参与议事会或陪审法庭是一种模糊的权威(ἀόριστος ἀρχή)。亚里士多德在两层意义上使用权威(ἀρχὴ)和官方(ἀρχαὶ),(1)通常意义上的公民身份;(2)特殊意义上的地方行政官的权威。但是,在不同形式的寡头制的界定上(下个部分讨论的),毋庸置疑,他使用的是普通意义上的用法。下个注释引用的片断包含了特殊用法的例子。

③ 亚里士多德:《政治学》,8.6,1305 b 30,"在所有执政官职位并不是由寡头阶层自己选出,而是由重装步兵阶层或平民大众选出的寡头政体中,类似的事都会发生"。见下文第 41 节。

第二十九节　亚里士多德对寡头制的分类

　　亚里士多德列举了四种寡头统治的形式，并对其一一界定，①
他还区分了被定义为混合政体的贵族政治②和共和政体③。他认
为，一个倾向于寡头政体，另一个则倾向于民主政体。④

　　这种分类既不科学也不详尽；它的价值在于对某种原则的认同
程度。⑤"亚里士多德考虑的宽泛的对象"，正如纽曼先生所说，⑥
"这是为了消除只有两三种政体的一般印象，以及寡头统治和民主
统治各自只有一种形式的误解。"他谨慎地强调，寡头政治或民主
政治的温和形式比极端形式更具优越性。而且，他的教训是有必
要的，因为在希腊，强化政体的主导特征是一种强烈的趋势。⑦极端
寡头政体几乎是一种僭主政体，它最温和的形式与温和的民主制

108

----

①　四种形式在《政治学》，6.5，1292 a 38 中一一列举，并在 6.6，1293 a 11 中进行
　　了更为详细的界定。在这节中，我不会引用更加特别的文献，可以推断文章中
　　所指代的都出自此处，除非给出其他的文献。
②　不同形式的贵族政治，详见《政治学》，6.7，1293 b 1 及以下。
③　共和政体的界定，详见《政治学》，6.9，1293 a 35 及以下。
④　《政治学》，6.8，1293 b 35。
⑤　参阅柏拉图：《理想国》，第 8 卷，551 B，"他们通过一项法律来确定寡头政体的
　　标准，规定了最低限度的财产数额，寡头制程度高的，这个数额就较大，反之就
　　较小"。
⑥　纽曼：《导言》(Introduction)，第 494 页。
⑦　关于强化政体，参阅亚里士多德：《政治学》，7.5，1319 b 32。寡头政体和民主
　　政体的拥护者对温和的形式不满意，他们试图强化那些最恶劣的特征。参阅修
　　昔底德：《伯罗奔尼撒战争史》，5.81(斯巴达人)"在西基昂建立了一个范围更窄
　　的寡头政体"。

相差无几,而亚里士多德几乎使用同样的术语来描述它们。①

适用于寡头政体划分的第一个原则与公民的资格条件相关。第二个标准是通过允许那些获得资格的人积极行使公民权的方法来达成。只要达到了某些条件,就可能获得政治特权;特权只有在统治者甄选下才会被扩大到曾被排除在外的人。或者,特权阶级的人一旦固定了,就可能对其他有力量的阶层关闭了上升的渠道。这种差别是重要的。在情感和行为上,二者之间存在的最大的差异就是:不断注入新鲜血液的政府与严守特权的封闭组织之间的差异。最后,亚里士多德还有对二者进行区分的另一个方法。寡头统治要么依据法律,要么由个人恣意控制,这成为政体分类的一般标准。

109 亚里士多德所描述的寡头统治的四种形式无疑与他最为熟知的寡头政府相对应。然而,他的方法也有一定的矛盾,并且他列举的形式并不完整。他将四种形式分为:两种温和的形式和两种极端的形式。两个温和的形式建立在财产资格的基础上,依据法律统治;两个极端的形式建立在出身的基础上(这个条件并未包括在寡头统治的定义中),一个遵照法律,另一个残暴且专制。现在,没有一个根本原则能够防止社会上层出身的寡头政治变得温和,也不能防止财富寡头政治变得极端,有些例子可以说明亚里士多德所下定义的不足。而且,统治者是社会上层出身的政体形式本身就暗示了因为出身而带来的财富,但是当发生冲突时,他并没有说明如何调和不同的要求。我们不能够期望亚里士多德对寡头政治的分类涵盖了所有的希腊的寡头政治形式。但是,我们可以假设,他谈到的四种形式都是他最为熟悉的,并已经随着政体的发展逐步演变着。因此,必须对它们加以考虑。

第一种形式的政府"建立在财产资格的基础上,将穷人排除在

---

① 参阅《政治学》,6.6,1292 b 25—33 和 1293 a 12—20。如果不是文章段落被破坏的话,那么,重复相同的短语的定义是很奇怪的事情。

外(穷人是多数人的情况下),但是只要达到必要的资格,就允许其
获得公民的身份:然而,由于公民人数众多,法律必须是至高无上
的"。这种形式与民主政治的第一种形式较为相似(然而,它的不
同之处在于,允许大多数人成为公民),但是,不可能在这一形式与
基于适度财产为基础的政体之间做出任何区分。①

　　第二种形式是这样的政府,"它由数量较少的人统治,对财产
资格要求更高,因为他们有更大的权力扩张欲望,所以,他们自己
引入那些想要加入公民团体的人,但是这种形式的政府并没有足
够强有力到能够脱离法律,依然需要法律的治理。"亚里士多德似
乎在心中已有这样的想法:"寡头政治的统治阶级形成了固定的人
数",②就统治者而言,这些空缺可以通过补选来填充。这种形式为
非贵族能够始终获得公民身份的第一种寡头政体与各阶层完全关
闭的其他形式构建了连接。

　　第三种形式是"子承父业"的封闭体制,可以进一步定义为"少
数人掌握了城邦多数财富的政体形式。"我们对亚里士多德所说的
这个政体获得任何清晰的认识是不可能的。如果他认为只有长子
才有继承权,那么他应将其描述成"家长的寡头政治"③;但是,如果
它只是建立在世袭血统基础上的政府,那么,在这个世袭体系内的
公民的儿子都获得了继承的资格,但是他们不可能都能获得大笔
财富,而显然这样的大笔财富又是被看作是必不可少的条件。

　　第四种形式也是封闭的世袭寡头政治,与第三种形式的构成较
为相似,但是,不同的是,它是根据统治者的意志进行统治,而非依
据法律。这种形式具有专制的特征,可以进一步定义为人们财富
和社会关系过度强大情况下而形成的一种形式。④

　　综上所述,根据亚里士多德的分类,贵族政体基本上建立在美

①　参阅第一章,第5节。
②　参阅下文第38节。
③　参阅下文第34节。
④　这就是贵族寡头制(δυναστεία)。见下文第35节。

古希腊寡头政治:特征与组织形式

德和财富的基础上,而混合了民主和美德的政体也被看作是贵族式的。在这种情况下,美德意味着出身或受教育的资格。它①被看作是建立在适当财产基础上少数人的政体,列入寡头政治的第一种形式之中。

---

① 见第一章,第6节。在《政治学》,6.7,1293 b 10(在下一节注释 1 中引用)中,"优秀"(ἀριστίνδην)可能不仅仅意为"美德"(ἀρετή),但是出处同上的 1.37 中,这意味着"受教育的"(παιδεία)和"出身良好的"(εὐγένεια)概念包含在"美德"(ἀρετή)之中。

第三十节　贵族政体的属性：出身与土地

我们知道，贵族政治是所有城邦政体发展的一个阶段，很明显，它不是一种可以轻易在旧政体中重新建立起来的政府形式。因此，除了建立在征服基础上的贵族制度，我们只需要考察普通的贵族政体的城邦的情况。自然，这些城邦是那些工商业不被重视的城邦。我们对希腊政体历史的研究表明，工商业阶级的崛起最终对那些出身贵族的阶层所拥有的自命不凡产生了致命的影响。因此，最终我们发现贵族制出现在以土地为唯一财富形式的城邦中，而且绝大多数的土地为贵族（征服的贵族）或统治阶级所有。由此可见，贵族政体中的出身资格也包含了财富资格，无论是否要求所有公民都拥有固定的最低财产。贵族政治的一般类型是只允许特定的特权家族的成员获得公民资格，政府由最高议事会治理，并设置了地方行政官。通常来讲，贵族拥有同等担任公职的特权，但是许多城邦要求具备一定数量的财产方可获得公民资格。[①]本来，土地是随着贵族出身就拥有的，但是却成为公民身份的条件。这种情况会带来一定的困难。最初，毫无疑问，土地为家族共同所有，而且，只要在人口没有剧增的情况下，现有的土地满足所有成员的需要是没有问题的。但是，当人们产生了独立拥有土地的想法后，那么，在如何实现平等分配财产的事情上就存在着巨大的困难了。一方面，拥有较多土地的贵族可能有较多的子嗣，而这些土

112

---

① 亚氏在对贵族政体的定义（《政治学》，6.7，1293 b 10）中提到"这种政体与前两种政体都不一样，是优秀者掌握领导权"。参阅亚里士多德：《雅典政制》，3.1（论述了雅典的贵族政体）以及斯特拉波：《地理学》，10.447，卡尔基斯的"贵族统治的估计人数"（在这里，"估计"相当于"根据财富"，"贵族"相当于"根据出身"）。

地只能留给其中一个人。在一些城邦,用长子继承土地来解决这
一困难,因此建立了"家长式政府"。①但这并非惯用的解决方式,正
如亚里士多德所知,它涉及的是整个人口的问题。②收养为这种困
难提供了部分的解决方案,③但是,相对财产而言,贵族的后代子嗣
数量太多,为了解决这个困难,杀婴和弃婴在贵族社会中要比其他
地方更为频繁地发生。④同时,还存在完全相反的危险,如果允许
财产转让的话,很多贵族可能变得贫困(少数贵族手中握有较多
土地),这样一来,公民的数量将会逐步减少。补救的方法就是把
土地分成固定的每块份地,并且禁止所有者将其转让。在许多城
邦,这需要诉诸继承法。最初分配到的份地与后来获得的土地之
间的差别在于:份地不可出售。举个例子,⑤在斯巴达,"出卖土地

113

114

---

① 参见下文第 34 节。

② 亚里士多德:《政治学》,2.6,1265 a 和 b 多处,尤其是在 1265a 38,"平均财产,
而对公民的人数不加限定,人口将会失去控制"。斯巴达城邦首先面临的困难
是由于不断征服导致的。随后,完全不同的危险降临到斯巴达人的身上。他们
严格的体系使得人口下降,继而引起了财富分配不均。

③ 为了防止家族的消失,此处采用了法律拟制。柏拉图在《法篇》中强调了收养一
事,5.740 c。

④ 关于这点的证据较少。在亚里士多德:《政治学》,2.6,1265 b 12 中提到,科林
斯的菲冬(Phidon)"认为家庭与公民的数目应保持一致,尽管起初并不相同",
但他没有说这是怎样实现的。菲罗劳斯在忒拜立法(《政治学》,2.12,1274 b
3)是"关于生育的,他们称它们是关于收养的法律"。埃里安(Aelian)在 *V.
H*. 2.7 中认为忒拜的法律禁止了弃婴,但允许一位父亲把他的孩子卖做奴隶。
参见柏拉图:《理想国》,5.459 D,建议遗弃体格不佳的婴孩,以及《法篇》,5.740
D,最高裁判官处理"多余的或有缺陷的(婴孩)",并规定了各种方法。亚里士
多德:《政治学》,2.10,1272 a 21(讨论克里特)隐含着另一种方法:"立法者还
采取了许多方法来避免过度生育,他提倡男女分开居住,男子相互陪伴"。在克
里特(并且可能在其他地方也是这样),"男孩之爱"(一种特别是寡头的恶习)是
从政治角度考虑的,成为限制多余人口的方法。

⑤ 亚里士多德:《政治学》,7.4,1319 a 10,"古代有很多城邦,都立法禁止人们出售
原来分得的那份土地"。亚里士多德认识到了这些条款在寡头政治中的好处,
在《政治学》,8.8,1309 a 20 中,"在寡头政体中……产业只能在家族中继承,不
能赠送给别人,一个人也不能成为更多遗产的继承人。这样产业就平均了"。

是不光彩的事情,但是转让原有的份地则是违法的。"①据说,在忒
拜,菲罗劳斯(Philolaus)采取了保护份地数量的措施;②在东洛克
里斯(Locris, east),这里具有浓厚的贵族情节,任何人不得出卖土
地,除非在极其贫困的情况下。③在琉卡斯岛(Leucas),有保护原始
份地的规定,④在埃利斯也同样有相关规定。⑤我们得知,在琉卡斯
岛,公民权的获得依赖于份地的占有,我们据此还可推测,在其他
地方,也有类似的规定。尽管确立了这些规定,但是封闭的世袭贵
族的数量仍日渐减少。在斯巴达,公元前 4 世纪的某个时期,取消
限制土地买卖带来了灾难性的后果,以至于在公元前 3 世纪,拉开
代梦人的土地落在 100 个富人的手中,而余下的人被剥夺了所有
权并变得贫困。⑥哲学家们也认可了贵族拥有土地的传统,在柏拉
图和亚里士多德的作品中都有提到,每个公民或多或少都应有
份地。⑦

许多城邦的公民权建立在土地财产资格的基础上,甚至到贵族的
出身优势已经不再的时候也是如此。⑧因此,荣誉政体(timocratic)的
最早形式只将地产纳入考虑的范围,⑨在殖民地还存在这样的趋
势,人们将占领的土地分成份地给第一批殖民者,并以此确立了他
们的权利。在许多城邦,他们逐渐形成了统治的主体力量。

---

① 赫拉克利德斯:《希腊历史残篇集》(*Fragmenta Historicorum Graecorum*),
2.211;普鲁塔克:《拉开代梦政制》,22。
② 亚里士多德:《政治学》,2.12,1274 b 2。
③ 同上,2.7,1266 b 19。(亚里士多德所指的是洛克里斯东部是有可能的。)
④ 同上,1.21。
⑤ 同上,7.4,1319 a 12。
⑥ 普鲁塔克:《阿基斯传》,5;参见亚里士多德:《政治学》,2.9,1270 a 16,"许多人
占有大量财产,而另一些则拥有很少;因此土地成为少数人所有"。
⑦ 除了《理想国》之中的共产主义的蓝图,在《法篇》中,公民也有大量土地,这些份
地由两个部分组成,并且相互是不可分割的(《法篇》,第 5 卷,740 A B;745C)。
亚里士多德为他描绘的最好的城邦里的公民分配了两份份地(《政治学》,4.10,
1330 a 15)。
⑧ 参阅第 36 节,注释 4。
⑨ 参阅梭伦的政体和琉卡斯的政体。

第三十一节　"原住民"贵族制

弗里曼（Freeman）教授在谈及希腊人的殖民地时说：[①]"在其他任何地方，我们所谓的原住民的贵族政体也可能发展起来。第一批定居者分配了当地的土地，只要这些定居者的力量还比较薄弱，他们就会欢迎新来者；但是只要人数足够多并能够满足一个独立的城邦的需求，原来的定居者的后代就不再愿意新来者分享他们的世袭权力。"这种情况导致了特殊政体的产生，特权阶级总是声称，他们的血统继承于最初的殖民地土地所有者。因此，我认为应该以此确立为所谓的"土地所有者"的政体，如叙拉古（Syracuse）[②]和萨摩斯（Samos）[③]的政体，在米利都[④]则是另一个名字。在阿波罗尼亚（Apollonia）、伊奥尼亚湾和锡拉岛（Thera），它们的政权都掌握在第一批移民手中，这些人都有显赫的出身。[⑤]我们还知道这些政府可能会发生叛乱，土地所有者拥有的特权以及对新移民的排斥是造成叛乱的主要原因。亚里士多德讲到，多数城邦因为接收

[①]　《西西里的历史》（*History of Sicily*），第 2 卷，第 11 页。参阅纽曼的《导言》，第375 页。

[②]　狄奥多鲁斯，《历史丛书》，第 8 卷，残篇，11.4；《帕罗斯碑》（*Marmor Parium*），37。赫西基奥斯（Hesychius）对"土地所有者"（γαμόροι）进行了不同的界定：最正确的似乎是"一同生活的、划分好土地的人"。

[③]　普鲁塔克：《希腊研究》（*Quaestiones Graecae*），57；修昔底德：《伯罗奔尼撒战争史》，8.21。

[④]　普鲁塔克：《希腊研究》，第 32 节对"永久"提出了明显地原因论的解释。吉尔伯特：《古代希腊政治手册》，第 2 卷，第 139 页，将该词与"居住"联系到了一起。

[⑤]　亚里士多德：《政治学》，6.4，1290 b 11，"在这些地方，掌握荣誉的是最初移居这些殖民地的人"。

了新的移民而发生了派系斗争,①关于这样的情况,我们可以引用黑海(Euxine)②的阿波罗尼亚、拜占庭(Byzantium)③和昔兰尼(Cyrene)④的例子说明,在这些地方需要使用德谟纳克斯(Demonax)的调解来解决不同阶层在主张上的冲突。

---

① 《政治学》,8.3, 1303 a 27,"那些接受外来者或与外来者混居的地方,大多数要发生内乱"。
② 同上,1303 a 36。
③ 同上,1303 a 33。
④ 希罗多德:《历史》,4.159 及以下。

第三十二节 征服基础上的贵族制

这是贵族政治的特殊形式，统治阶级拥有城邦最好的土地，它们源于入侵民族对之前民族的征服。在这里，我并不是要讨论单独的贵族阶级，而是要讨论作为一个整体构成了一个比被征服者更高的阶级，在这些被征服者中，有的沦为了农奴，而另外的人则处于相对好些的境遇。这种阶级的特殊分化是征服贵族制的一种典型特征。①我们发现，这种贵族制的基础或多或少有相似的特点，不论在伯罗奔尼撒半岛的多利安城邦、克里特，②甚至还可以包括锡拉岛，还是在色萨利，波奥提亚和埃利斯的统治阶级之所以能够取得统治地位都要归因于征服。统治者们得到了最好的土地，并且由农奴为其耕种。

这些贵族阶层大概可以分为两类：一类是所有征服者都享受同等的特权；另一类是征服者中存在等级差异，而某些家族具备优越性。

因此，色萨利各城镇的政权掌握在少数的贵族家族的手中，他们都自认是赫拉克勒斯的后人，而就我们目前所知，追随他们的后

来者并没有分得任何权力。③希腊人把追求出身的特殊政体形式称

---

① 这些阶级分化在下文第 50 节中进行讨论。

② 似乎有类似的政体源于多利亚人的城邦。相同的阶级划分可见于阿尔戈斯、西基昂、锡拉、克里特、埃皮达鲁斯以及斯巴达。

③ 贵族家族，如阿莱乌阿代（Aleuadae）和斯科帕代（Scopadae）等家族，都自认是赫拉克勒斯的后代。政府被特定地描述为寡头政治（δυναστεία）（修昔底德：《伯罗奔尼撒战争史》，4.78），正如亚里士多德描述的公元前 4 世纪的寡头政体。亚里士多德：《政治学》，8.6，1306 a 10，描写了法萨卢斯（Pharsalus）城邦是一个强力、团结但狭隘的寡头政体。在 8.6，1305 b 28 中，提到拉里萨（Larisa）（转下页）

作王朝统治(dynasty)。在波奥提亚,贵族完全控制了政权,而忒拜则是王朝统治。①同样的情况也适用于埃利斯②和埃皮达鲁斯。③

　　另一方面,在斯巴达和克里特,尽管我们能够在特权阶层范围内部找到出身差异,④但是,更大的权力似乎被赋予了整个征服者阶层。斯巴达公民被认为是形成了一个享有平等公民权的德莫(demos)。

　　征服基础上的贵族制的另一个共同的特征是它们通常都有一个独特的军事组织。征服者通过武力赢得地位,他们控制着比他们多得多的臣民,这些人常有叛意并经常爆发叛乱。这样的关系只能通过统治者毫不松懈地保持警觉来维持。斯巴达人和克里特人的训练全部都是为了备战,并且公民的生活实际上也基本是在军营中度过的。在这里,我们并没有必要去讨论斯巴达和克里特二者的军事体系上存在的相似的细节。它足以说明这样的训练与军事化的生活方式对建立在类似条件上的政体是必不可少的。这些情况在斯巴达得到了正式的确认,并且斯巴达公民获取公民权的条件就是需要经历整个训练过程,⑤毋庸置疑,在克里

119

（接上页）城邦的寡头政体,由民众选举首席执政官(πολιτοφύλακες),并且不知何时原政体就会被推翻(8.6,1306 a 26)。

① 忒拜的贵族建立在份地的基础上(见本书第73页,注释3);但是,民众并未被完全排除在外,见希罗德:《历史》,5.79(公元前507年)提到了忒拜的议事会中的民众(ἀλίη)。到波斯战争的时候,忒拜政权已经成为寡头政治(修昔底德:《伯罗奔尼撒战争史》,3.62)。

② 见亚里士多德:《政治学》,8.6,1306 a 15。

③ 见第38节第14个注释,普鲁塔克。

④ 在斯巴达,长老(γέροντες)从"又美又好的人"(οἱ καλοὶ κἀγαθοί)中选出(亚里士多德:《政治学》,2.9,1270 b24);这些人被看做是贵族阶层。这常常引起争论,对于这个问题的讨论可见吉尔伯特:《古代希腊政治手册》,第1卷,第13页,注释1。在克里特,某些家族(γένη)具有特权优势,并从中选出"执政者"(κόσμοι)(亚里士多德:《政治学》,2.10,1272 a 33)。

⑤ 普鲁塔克:《拉开代梦政制》,21,"任何公民如果在男孩时不服从纪律,就没有公民权利"。色诺芬:《拉开代梦政制》,10.7显示了这可以看成"有同等权力者"(ὅμοιοι)与被剥夺公民权的人(ὑπομείονες)的不同。

特也是,①也许在其他地区也有这种情况。这些城邦使训练成为获得公民权的不可或缺的条件。②这种斯巴达军事体系中的训练多次出现在修昔底德的笔下。他们的"与生俱来的美德"受到了赞扬,而以上所有的"不变的条例"以及盲目地服从法律也常常被提及。③

---

① 克里特人的制度和斯巴达人的一样僵化,并且这肯定是获得公民身份的必要条件,但我不知道这在哪里有明文规定。

② 亚里士多德:《尼各马可伦理学》,10.9,1180 a 24,"在拉开代梦人的城邦,少数立法者注意并进行教导和训练"。可能还有其他国家最初进行过这种训练。

③ 色诺芬:《拉开代梦政制》,10.5,"斯巴达人把又美又好的品格作为一种公共义务"。参照注释 10 中关于亚里士多德《伦理学》的部分;修昔底德:《伯罗奔尼撒战争史》,1.84("最严格的教育")。修昔底德也频繁提及"美德"(ἀρετή)、"劳作"(πόνος)以及"训练"(μελετή)(见 1.123;2.39;5.69;6.11)。在修昔底德的1.68 中,科林斯人说过斯巴达人"不变的风俗":参照 1.77;3.37("永久性法律");5.105("拉开代梦人在其传统习俗中最讲美德")。参照色诺芬:《拉开代梦政制》,10.7,"对城邦中所有符合法律要求的人给予平等的公民权"。关于他们的"盲目守法",见修昔底德:《伯罗奔尼撒战争史》,1.84("要求克制,不忽视法律");2.40;3.37 以及色诺芬:《拉开代梦政制》,8.1,"在斯巴达,人们最顺从官员和法律";也参照希罗多德:《历史》,7.104。

第三十三节　王族贵族制

120

接下来,我将探讨贵族政治的其他特殊的形式。在所有这些形式中,王族式的贵族政体是最为常见的。在追寻王权消亡的问题上,我想让大家关注的是,这种贵族政治是通过何种形式建立起来的。它的政权不再掌握在单独的一名国王的手中,而是整个王族。这是缘于贵族政治与旧的君主制之间的内在的相似性。统治家族不再将最高权威给予到某个人,而是恢复了家族的统治权。在小亚细亚及诸岛的许多伊奥尼亚殖民地中,统治阶级在追溯他们的起源时,他们最初的王同时也是被传统认为是第一批殖民者的王。①在米利都,形成了涅琉斯王朝,②在以弗所(Ephesus)、厄里特赖(Erythrae)和开俄斯(Chios),我们发现出现了巴西利代家族(Basilidae),他们声称自己是王族的后裔。③在密提林,佩塞利德斯家族(Penthilids)的贵族继承了同一族群的君主制。④在色萨利,位居统治

121

---

① 希罗多德:《历史》,1.147。据说多数殖民地被普罗克利代(Proclidae)和格劳西代(Glaucidae)家族统治过。

② 大马士革的尼科劳斯(Nicolaus Damascenus),《希腊历史残篇集》(*Fragmenta Historicorum Graecorum*),3.388;其他王朝的资料引用见吉尔伯特:《古代希腊政治手册》,第2卷,第139页,注释1。

③ 斯特拉波:《地理学》,14.633提到了在以弗所的巴昔琉斯(βασιλεῖς),他们甚至在斯特拉波的时代还有国王的标记(*insignia*)。在《苏达辞典》的“毕达哥拉斯”(Πυθαγόρας)词条中提到了“巴西利代家族”(Βασιλίδαι)。亚里士多德:《政治学》,8.6,1305 b 18提到了在厄里特赖有“巴西利代家族执掌的寡头政制”(ὀλιγαρχία βασιλιδῶν)。希罗多德:《历史》,8.132以及一处铭文(吉尔伯特引用过的 *Bull. Corr. Hell.* 4.244)提到了在基奥斯的“巴西利代的政体”。它在斯特拉波那里显示出,在以弗所,“长老”把他们视为国王。

④ 亚里士多德:《政治学》,8.10.1311 b 26。

地位的贵族家族自称是赫拉克勒斯的后代。①修昔底德提到埃皮鲁斯(Epirus)的查奥内斯(Chaones)"统治家族"②,与雅典的墨冬提代家族(Medontidae)较为相似。科林斯也采用类似的贵族政体。两个世纪以来,巴克齐亚代(Bacchiadae)氏族声称他们来自科林斯的巴克斯(Bacchis)王的血统,合计有200多名成员,统治着这个城市,每年从这些成员中选一个首领,而将其他人,不论是贵族还是平民排除政府之外。氏族之间的感情如此的亲密,以至于他们仅在家族内部通婚。③

　　毋庸置疑,在许多情况下,关于王室血统的说法只是虚构的。希腊人在族谱的编造上极富天赋,我们知道有许多家族都声称是神或英雄的后裔。许多殖民地的神话缔造者来自英雄时代,无疑,他们接受了英雄时代的荣誉,而后世的统治阶级就声称是他们的后裔。巴西利代家族(我们可以对比潘提卡帕埃乌姆[Panticapaeum]的阿尔卡阿纳克提代④[Archaeanactidae])声称自己是王族的后裔,然而这样的家族头衔明显是贵族风格的,他们的祖先曾享有王(βασιλῆες)的头衔。即使在色萨利和科林斯,我们也难以相信,将通婚限制在本阶层之内的单一的氏族能够建立起一个持久的政府。

　　无论它们的起源如何,这些贵族政治都在逐渐变得狭隘,成为"王朝"政府。⑤只要他们一直保持专属的特权,他们的人数就会下

① 品达:《皮提亚颂》,10.1。当然,还有许多其他证据。
② 修昔底德:《伯罗奔尼撒战争史》,2.80,"查奥内斯人没有国王,由来自长老的弗提奥斯和尼卡诺尔率领,领导人一年一换"。
③ 巴克齐亚代家族(Bacchiadae),见保萨尼亚斯:《希腊志》,2.4.4。狄奥多鲁斯:《历史丛书》,第7卷,残篇,提到公元前1104年的相关事情;斯特拉波:《地理学》,8.378;希罗多德:《历史》,5.92。
④ 狄奥多鲁斯:《历史丛书》,12.31,"辛梅里亚·博斯普鲁斯王朝的国王是阿尔卡阿纳克提代"。
⑤ 参阅下文第35节。

降;统治者在言行举止上逐渐变得残暴,这样的贵族政治充满不和,往往导致暴力叛乱,最终被推翻。①

---

① 　在许多情况下,唯一提及这些贵族的时候是他们被推翻的时候。

第三十四节　家长制贵族制

　　亚里士多德定义的寡头政治①的第三种形式是子承父职。②如果我们认为这意味着只有长子能继承父亲的政治权力，那么这种政体可以被描述为"家长制贵族制"。此种政体，如果父亲执掌政权的话，那么他的众多儿子除了长子之外，都将无法获得继承政治权力的机会，亚里士多德提到在马萨利亚（Massalia）、伊斯特罗斯（Istros）、赫拉克里亚（Heraclea）和克尼杜斯（Cnidus）曾有过这种情况。③柏拉图的《法篇》中的政体就建立在这个原则上，因为固定的公民和特权阶层的人数是建立在拥有世袭份地的基础上，所以子嗣无法在他们的父亲生前继承家族的权力。

123　　这种性质的政体必定具备其典型的特征，城邦的财富和权力掌握在特权家族手中，他们能通过家族的领导者分享政权。它们可能存在许多城邦之中，除了上文提到的几个：我们还没有证据证明它们在别处存在过，但是我认为奥蓬提亚（Opuntian）的洛克里斯人（Locrians）的政治体制可能是这样的。我们听闻，在洛克里斯（Locris）④有上百

---

① 为了防止用语混淆，我可能需要指出，我在上文第 6 节中对贵族政治进行了传统意义上的界定。此处，亚里士多德使用的寡头政治是其最常见的含义。

② 见上文第 29 节。

③ 亚里士多德：《政治学》，8.6，1305 b 4 和 12。政体的渐进式变革朝着这个方向进行：首先承认较为年长的儿子，然后是较为年轻的儿子，所以它属于建立在世袭血统基础上的普通贵族政治。

④ 波利比乌斯：《通史》，12.5.7，谈及意大利的洛克里斯人在其母邦"优先选择 100 个家庭"（引自修昔底德：《伯罗奔尼撒战争史》，1.108）。波利比乌斯，12.5.7，本文在第 6 节中，提到意大利的洛克里斯的血缘要追溯到女人身上；这点最有可能发生在奥蓬提亚。

个贵族家族,还有一个上千人的议事会,①我们姑且假设它对人们开放,"百个家族"被分为许多较小的组织,每个组织的领导者组成了各自的统治机构。

　　与这种类型的政府有关的另一个需要注意的特点是:权力与年龄的间接联系。只要父亲还健在,儿子们就不被允许拥有政治权力,即成熟男人在政府必须占多数。这与寡头制的一般原则是一致的。②

---

① 在这点上,它形成了"固定人数的"贵族制,关于这点见下文第38节。
② 见下文第41节的第25个注释。

第三十五节　王朝政治

上文描述的两种贵族政体，以及征服基础上建立起来的狭隘的贵族政体，均包括在亚里士多德定义为寡头政体的两种极端形式中，在这些狭隘的政体中，权力世袭：这样的政府凭个人的意志统治而非依法而治，它们大多被定义为"少数人掌权的寡头政治"（δυναστεῖαι）。①

我应该对作为政府形式的王朝政治进行更为精确的描述。它是少数人的政府，统治者富有并有强大的关系网，政府非依法而治。亚里士多德在定义中暗示，这样的政府总是建立在优越出身的基础上，然而，诸如以下的专制政府：雅典的三十人僭主政治②或莱山德③创立的十人执政官（decarchy）专治统治理所应当属于这种类型。亚里士多德也将此用在那些并非建立在出身资格基础上的政体。因此他说到能形成这样的政府无非有这几种原因：一是城邦中的一些人权力过大，④或是军官获得了强权，并利用此建立为了一己利益的专制政府（absolute government）；⑤他将这个术语用到了一些雄心勃勃的统治者身上，他们试图通过重新当选为将军获取对城邦的控制权。⑥

---

① 亚里士多德：《政治学》，第6卷，1293 a 30。
② 亚里士多德：《雅典政制》，36.1，确实将三十寡头看做是一种"少数人掌权的寡头政治"（δυναστεία）。
③ 色诺芬：《希腊史》，5.4.46。
④ 《政治学》，8.3，1302 b 16。
⑤ 同上，第6章，1306 a 24。
⑥ 同上，第7章，1307 a 6及以下诸行。

　　王朝政治这个词,就像它的同义词①一样,容易让人联想到令人厌恶的含义。②这个同义词是指一种狭隘的、专制的个人寡头统治,在其中,寡头靠个人的权势或者他们之间的联系而变得强大。它是由许多僭主组成的僭主政治,一直被认为与真正的僭主政治极为相似,自然而然地被归入僭主政治之列。③

　　这个术语被用来指色萨利④的家族政权,也被用于描述在希波战争时武拜⑤的狭隘贵族统治。在埃利斯,有一个狭隘的寡头政治,它将特权赋予某些家族,它被描述为"身居高位者的体制"。⑥在这种情况下,许多寡头政治被描述为"僭主政治"⑦,并且专制的寡

---

① 也许值得指出的是,"权力"(δύναμις)、"有权力的"(δυνατὸς)、"统治者"(δυνάστης)这些同义词经常被用作准专业术语。我举一两个例子。"权力"(δύναμις)往往正好对应的是拉丁文 potentia 一词,即由于财富、关系等而产生的权力,也因此被用来指寡头政治中的领导者。参见梭伦,残篇,第 5 节中的"那些有权力的领导者",修昔底德:《伯罗奔尼撒战争史》,8.73.3 中"权力"(δύναμις)与"卑鄙"(πονηρία)的对比。亚里士多德的《雅典政治》22.3 谈到了"那些位高权重的人"(οἱ δ' εἶχον δύναμιν)。参见亚里士多德:《尼各马可伦理学》,8.10,1161 a 2 的"不是基于美德统治,而是基于财富和权力,这与寡头政治是一样的";同样,"那些有权力的人"(οἱ δυνατοὶ)常常表示有权势的寡头(参见修昔底德:《伯罗奔尼撒战争史》,8.47.2;48.1;63.3;73.2),而"统治者"(δυνάστης)则带有不合法的含义(亚里士多德:《政治学》,2.10,1272 b 9)。

② 在亚里士多德:《政治学》,291 D 中,柏拉图通常完全使用寡头政治的中性含义。

③ 修昔底德:《伯罗奔尼撒战争史》,3.62,"统治权掌握在少数人手里,与法律和明智的统治背道而驰,而是像僭主政制"。所以亚里士多德的定义称之为"接近于一人统治的"(ἐγγὺς μοναρχίας)。在亚里士多德:《政治学》,8.3,1302b17 和 8.6,1306 a 24 中,亚里士多德将其与僭主政治耦合。

④ 修昔底德:《伯罗奔尼撒战争史》4.78。

⑤ 修昔底德:《伯罗奔尼撒战争史》3.62。

⑥ 亚里士多德:《政治学》,8.6,1306 a 15。

⑦ 安多基德斯,1.75 暗指"四百人"为"僭主"(οἱ τύραννοι)。伊索克拉底,4.105 把"行使僭政"应用为"进行寡头统治"。色诺芬(《希腊史》,2.4.1)声称三十人"行使僭主的权力"。(狄奥多鲁斯,19.32 首次真正把他们称为"僭主")斯特拉波,8.378,将相同的术语应用于科林斯的巴克基代家族(Bacchiadae)的统治。在谈及密提林的宗派时,斯特拉波(14.647)说有"在一段时期内的反僭主派(转下页)

125

古希腊寡头政治：特征与组织形式

头政治一般被认为是最糟糕的政府类型。

（接上页）别"，并且在其他人中提到克莱阿那克提代家族。他可能指的不是这个家族的僭主们，而是一种专制的寡头政治，正如他所说，皮塔奥斯使用了他的力量"去进行寡头统治"。（见吉尔伯特：《古代希腊政治手册》，第 2 卷，第 162 页，注释 3）雅典娜格拉斯，12.526 引用了提奥庞普斯的记载，提到在科洛丰的寡头政治仿佛是一种"僭主政治"（τυραννίς）。

第三十六节　财富寡头政治

即使是最初少数人的贵族政府,一般也都是富人的政府:在一般的寡头政治中,财富起着更重要的作用,它是唯一的必要条件,也是构成寡头政府的"决定性要素"①。我们已经看到,土地财富在早期政府构成中的重要性,在早期的政府中,土地所有权是一个重要的条件。早期荣誉政治的政府组成并不只限于贵族,而是以土地财产为基础。②在土地性质比较类似的城邦,特权可能取决于是否拥有一定数量的土地。梭伦将一年的谷物和橄榄油等收入也考虑在内的体制,可能比一般的只考虑必须条件的体制更为复杂。③到后来,在大部分寡头制国家中,政治特权取决于是否拥有一定的财富④,这是因为,寡头政治作为一种政府组织形式,是由工商业的兴起和财富的扩散而产生的;而不管财富是如何获得的,它都成为

① 亚里士多德:《政治学》,6.8,1294 a 11,"寡头政治的准则是财富"。见前文第一章第 4 节。

② 见前文第 30 节第 14 个注释,也参见亚里士多德:《政治学》,7.7,1266 b 21 关于琉卡斯的政府构成的描述。

③ 亚里士多德:《雅典政制》,7.4。梭伦体制中的复杂规定,在土壤质量差异很大的阿提卡也许是必要的。即使如此,奇怪的是,那些拥有牧场而不是谷田或橄榄园的人的财产不能按价值进行评估。参见布索特:《古物概述》(Busolt, *Staatsaltertümer*),第 146 页,注释 10。在迈耶的《古代历史》(Meyer, *Geschichte des Alterthums*)第 2 卷第 653 页及以下中声称:被归于梭伦的复杂的财产评估体系,并没有那么早引入阿提卡。

④ 怀斯先生(Mr. Wyse)提醒我注意,有关寡头政治金钱资格的证据很少,他认为,由于土地财产一定总是最好的资金投资,因此,它们往往需要的是某种不动产资格。我在第 30 节末尾提到过这种资格可能存在,尽管我没有相关的事例来证明。寡头政治的一般定义没有对财富进行界定,我将在接下来的几页中讨论还有哪些其他证据。

构成公民身份的条件。大部分的希腊城邦没有停留在贵族政治的形式上，而是在一段时间内发展成为寡头政治。有些城邦发展成了民主政治，但其中许多城邦，包括几个最重要的商业城邦，都保留了它们的寡头体制的一些构成要素。然而，我们对任何一个荣誉政治政府的内部组织没有任何有用和详细的了解。通常需要多少财产①？何时或如何评估财产？大多数城邦是否对执政官资格比普通公民的资格要求更高一些？这些问题和其他诸多问题，我们都没有答案。我们只能探寻决定制度的性质的一般原则，并不断搜寻一些证据，使我们有理由对那些特殊政体作出结论。

128　　　　第一点要讨论的是：寡头政府限定公民资格条件的方式。寡头制通常被含糊地描述为"富人"的政府，甚至在官方法令中，我们也能找到"那些最富有的人"这样模糊的词语，其中隐含着明确的金钱资格②。但是，在一般的寡头政治中，很可能每隔一段时间就会进行一次人口调查，并根据这次调查编制公民名单。有可能还存在其他方法来赋予特权，例如，凭着一个人的纳税额，但证据显示，定期财产评估是正常进行的。我们不知道一个人的资金或收入是否经常被评估③，但寡头政府被认为是以"评估"为基础的政府，而它有时确实是这样被定义的④。在整个《政治学》中，"评估"与寡头政体经常联系在一起⑤，亚里士多德也谈到了寡头政体中进行人口

---

① 见第五章第 41 节。

② 在一则科西拉的铭文中（C.I.G.，1845，44），"取得议事权……3 个人……那些因金钱掌权的人"似乎是与具有某种财产资格的人有关。这句话在其他地方是在其它技术意义上使用的。看看修昔底德：《伯罗奔尼撒战争史》，8.65.3；亚里士多德：《雅典政制》，29.5（其中可能引用关于法令的实词）；色诺芬：《骑兵队长》，1.9（桑迪斯博士引用）。

③ 梭伦的宪政考虑到了农产品的价值。雅典后来的评估方法多有争议，但安提帕特和卡桑德的宪政似乎是以资产而非收入为基础的。参见柏拉图的《法篇》，5.744。

④ 见前文第一章，第 4 节第 9 个注释。

⑤ 参见第 6 卷关于寡头制的定义，也可参见《政治学》，2.6，1266 a 14；3.5，1278 a 22；7.6，1320 b 22。

调查的时间间隔。①很明显,当亚里士多德提到富人的政治特权时, 129
他指的是那些财产已被人口调查确认了的人②,其他作家可能也是
如此。我们所知道的具体描述成以评估为基础的寡头政府组织的
实例并不多③,而且能够明确需要多少财产的则更少。一般来说,
我们能够得出这样的结论:寡头制所需要的财产资格的数额是很
大的④。这个数额随寡头制的特点而变化⑤,但根据经验,寡头制
往往把资格要求定得很高。要求的金钱资格较低的寡头政府被定
义为"宪政⑥",这种政府的例子是公元前4世纪末马其顿人建立的
政府,它们是在雅典的影响下建立起来的。在安提帕特(Antipater)
的人口调查中,登记入册的要求是 2 000 德拉克马⑦;卡桑德(Cas-
sander)则要求 1 000 德拉克马⑧。

　　在现有的重要寡头政治的例子中,它们的政治组成很少有明确
的信息留存下来,我认为,在公元前 5 世纪的武拜有一个财富寡头 130
政体,在那里,正如亚里士多德告诉我们的,"富人"战胜了民主⑨;

---

① 被提到的间隔是 1 年、3 年和 5 年,《政治学》,8.8,1308 a 39。这个间隔也有可
　能没有规律,而是在于政府是否决定修订名单。见吉尔伯特的《手册》第 1 卷,
　第 412 页,注释 2。

② 在《政治学》,3.12,1283 a 16,"那些富有的人"(οἱ πλούσιοι)在短语"实行财产
　评估"(τίμημα φέροντες)中重复;在 6.13,1297 a 18 中,"那些富有的人"
　(οἱ εὔποροι)被称作"那些经财产评估的富人"(ἔχοντες τίμημα)。

③ 斯特拉波,10.447,使用卡尔基斯政府中的"经过财产评估的",但土地财产可能
　还存疑。亚里士多德提到,在阿姆布拉西亚(Ambracia)(《政治学》,8.3,1304 a
　23)和图里伊(Thurii)(《政治学》,8.7,1307 a 28)评估的变化,在瑞吉乌姆
　(Rhegium),获得公民资格的条件之一是某种评估。见下文第 38 节第 7 个
　注释。

④ 见前文第 14 页注释 6。

⑤ 参见亚里士多德:《政治学》,6.5,6 中关于不同寡头政治的定义。

⑥ 见第一章第 5 节。

⑦ 狄奥多鲁斯,18.18,"要求政治权力的基础在于财产评估,拥有 2 000 德拉克马
　的人可以控制政府运作和参加选举"。

⑧ 狄奥多鲁斯,18.74,"政府掌握在财产至少有 10 迈纳的人手里"。

⑨ 《政治学》,8.3,1302 b 28。

古希腊寡头政治：特征与组织形式

在那些主要的非民主制统治下的商业城邦，可能同样是这样，就像麦加拉、科西拉、科林斯，以及开俄斯和列斯堡（Lesbos）一样。

大约在公元前 5 世纪中叶至公元前 424 年，麦加拉处于民主政体治理之下。之后，它建立起一个寡头政治，修昔底德称赞这个寡头政治比较持久①，它的执政官是从那些遭到流放的寡头中任命的②。

科西拉是希腊最重要的商业城邦之一，据说它最初是多利亚人巴克阿代家族建立的殖民地，他们可能一开始就控制了政府。他们的权力可能是被佩里安德（Periander）推翻而中断的，并且再没有恢复。我们可以得出结论，一个一般的财富寡头制建立了起来。公元前 427 年，它的政体是民主制的③，但有迹象表明，在 6 年前与雅典缔结联盟时，它就存在着一个寡头政治。否则，很难解释它的统治者为何要支持被流放的寡头埃皮达姆努斯（Epidamnus），他们的行为也支持这一结论。因此，他们似乎寻求拉开代梦人从中进行调节，他们告诉科林斯人，他们将不得不与那些"他们本不愿意与之结盟的人"④结为盟友，这是考虑与雅典结盟的寡头统治者口中的自然说辞。与雅典结盟自然会加强科西拉的民主派，科林斯人俘虏了许多科西拉的领导者，这可能使民主革命更加容易⑤。

但科林斯的政治是典型而优秀的财富寡头制。从库普塞利德斯（Cypselids）王朝的覆灭到公元前 3 世纪，除了中间有短短 5 年的中断之外，科林斯一直维持着它的寡头政制。科林斯人总体上奉行明智而谨慎的一整套政策，寻求维持和扩大它的商业关系，它的

---

① 修昔底德：《伯罗奔尼撒战争史》，4.74，"他们在那个城邦建立起一个极端的寡头政体。并且没有哪一场内乱后有如此少的政治变革，延续了如此长的时间"。柏拉图：在《克里同篇》第 53 节中赞扬麦加拉为"优良政制"（εὐνομία）。
② 亚里士多德：《政治学》，6.15，1300 a 17，可能指的是这次革命。这种安排只是暂时的。
③ 狄奥多鲁斯，12.57。
④ 修昔底德：《伯罗奔尼撒战争史》，1.28。
⑤ 修昔底德：《伯罗奔尼撒战争史》，1.55；3.70。

整体和统治的持久性证明：它的统治者是称职的，他们没有犯寡头执政者通常所犯的错误。库普塞利德斯王朝的僭主政体彻底推翻了巴克基代家族的王朝，并且基本完成了僭主政体的任务，即促进工商业的发展，从而促进了繁荣的中产阶级的崛起①。僭主政体是科林斯人自己推翻的②，我们几乎不用怀疑这一点——一个温和的财富寡头制建立了起来③。品达（Pindar）称赞科林斯"秩序良好、正义、和平，是人们财富的管家"④。科林斯是伟大的贸易寡头制，就像雅典是伟大的商业民主制一样；我们从研究科林斯的政府构成入手无疑会比从任何其他资料中更好地了解寡头政府的原则和方法。但不幸的是，这种研究材料十分匮乏⑤。

132

---

① 参见布索特：《拉开代梦人》（Busolt, *Die Lakedaimonier*），第 211 页。

② 布索特：《拉开代梦人》，第 212 页。

③ 布索特（第 216 页）说："究竟是像登克尔（Duncker）认为的那样，只有贵族才有资格参与政府管理，还是那些不是贵族的富裕公民也有这样的资格，这一点未得到证实"。他倾向于认为，财富是唯一的必要条件。在证据如此稀缺的情况下，任何证据都不能忽视。西塞罗：《共和国》2.36 中的证据可能也能佐证，"我在科林斯城的街上看见给马做标记的人、喂小孩的人，并谨慎地按照部落分开。"这种安排表明，这是一个临时的组织。参见柯蒂斯：《赫尔墨斯》（E. Curtius, *Hermes*），第 10 卷，第 227 页。

④ 这是一种习惯的说法。正如品达所提到的"优良政制女神"（Εὐνομία）、"正义女神"（Δίκα）与"和平女神"（Εἰρήκα）。在《奥林匹亚颂》13.6 及以下中有 3 位"女神"（Ὧραι）。在斯特拉波，1.5.11，我们在发现伊希鲁斯（Isyllus）的残篇中列举了同样的例子。

⑤ 关于科林斯政体的具体细节，我们下面再谈。到目前为止，我们从铭文中几乎得不到任何实际信息。

第三十七节　骑士寡头政治和重装步兵寡头政治

荣誉寡头政治的两种特殊形式是"骑士阶层政体"和"重装步兵阶层政体"。

"骑士阶层政体"无疑最初是贵族政体，因为亚里士多德说它是进行王位继承的政体①；而这种政府可能在一些国家中继续以荣誉政治的形式存在。在埃雷特里亚（Eretria）、卡尔西斯（Chalcis）、马格尼西亚（Magnesia）②和库麦（Cyme）③，骑兵身份似乎是一种获得权力的资格。

133　"重装步兵政体"更为重要。亚里士多德暗示，许多早期的政体都采取了这种形式④；重装步兵的资格是他最经常描述的政体的基础，他经常提到这种政府形式，所以它的应用范围可能比我们有证据证明的还要大⑤。我已经讨论过这种政府形式的某些特点：它可能只允许少数人掌权，而且它似乎实际上是建立在财产评估的基础之上，因为服兵役通常对被登记入册的所有人都是义务的。这种政体的实际例子很少。德拉古的政体将权力赋予"能够自己提供武器装备的人"⑥：公元前411年在雅典建立的寡头政体的目

---

① 亚里士多德：《政治学》，6.13，1297 b 16，"推翻王权后，在希腊最早的政体中，统治者来自战士，并且最初来自骑兵"。
② 亚里士多德：《政治学》，6.3，1289 b 31，"以骑兵作为武装力量的城邦往往实行寡头体制……埃雷特里亚、卡尔西斯、迈安德罗河边的马格尼西亚以及亚细亚的许多城邦都是这样"。在卡尔西斯，统治者们被称为"骑士"（Ἱπποβόται）（斯特拉波，10.447；普鲁塔克：《伯里克利传》，23；希罗多德：《历史》，5.77）。
③ 参见赫拉克利德斯，《希腊历史残篇集》，2.216。
④ 亚里士多德：《政治学》，6.13，1297 b 22。
⑤ 参见第一章第5节收集的关于政体的有关信息。
⑥ 亚里士多德：《雅典政制》，4.2。

的是将权力赋予五千人,这些人是从"财产和个人方面最能为国家服务的人①"中挑选出来的。接替它的政府是一个虚构的五千人的机构,实际上是由所有"能够自己提供武器装备的人②"组成。马利斯人(Malians)似乎也有类似的公民权资格条件③。

----

① 修昔底德:《伯罗奔尼撒战争史》,8.65.3;亚里士多德:《雅典政制》,29.5。我认为,这是一个人数有限的寡头政治,是基于重装步兵的人口调查。见附录 C。

② 修昔底德:《伯罗奔尼撒战争史》,8.97.1,"投票决定把政权交给五千人;他们由能够自备武装的人组成"。亚里士多德:《雅典政制》,33.1 称他们为"那些有武器的五千人"。这一数字是虚构的。修昔底德赞扬这种政体,它是塞拉门尼斯(Theramenes)的理想(色诺芬:《希腊史》,2.3.48),"引导政府与那些有服役财产资格的人,以及可以配备马匹和盾牌的人合作"。

③ 参见亚里士多德在第 41 节第 25 个注释的引述。

134 第三十八节　统治者人数固定的贵族政体和寡头政体

在一些城邦，公民履行积极义务并不直接取决于个人是否获得某种资格，而是取决于一个男性的团体，这个团体的人数是固定的。在这个团体中，他们自己在团体名册上互相认证。这就是亚里士多德所描述的第二种寡头制形式①。成为这样的团体的成员需要必要的条件：可能是任何一般寡头资格的条件。毫无疑问，在亚里士多德的脑海里确实有某些事例，在之前所提到的那段话中，他假定特权应该是取决于高的资产评估，但他又纠正说，如果是从所有的人中进行选择，那么，这个原则就是贵族政治的；如果从任何特定的阶级中选择，则是寡头制的②。这种政府的最早形式是奥蓬提亚·洛克里斯人的政府，在这个政府中，由 1 000 人组成的机构拥有最高权力③。我已经指出，千人团应该是与百家团类似，我们可以得出结论，千人团代表了奥普斯（Opus）的贵族家庭，出身高贵和拥有土地是进入该机构的必要条件。④

---

① 亚里士多德：《政治学》，6.4，1292 b 1，"极高的财产要求，官职由合格公民中选出的人担任"；参照《政治学》，6.14，1298 a 39。

② 亚里士多德：《政治学》，6.4，"如果从全体（这个词似乎是多余的）合格公民中选出官员，这与贵族政体接近，而如果从特定公民中选出，则是寡头政体"。在7.7，1321 a 30，说到马萨利亚（那里有这样的政体）以及关于承认公民身份的讨论，亚里士多德把它们描述为"在公民和非公民中，让有价值的人获得参政资格"。

③ 在一则铭文（罗伯茨：《铭文学》[Roberts, *Epigraphy*]，231，同 *I.G.A.* 321）中提到了"奥蓬提亚的一千人团体"（Ὀπωντίων χιλίων πλῆθα），据说这个铭文是公元前 5 世纪中叶的，但是它所说的政体是贵族制的和古风时代的，它所提到的制度可能也应该是更早些时候的。

④ 参见前文的 34 节。

118

早期形成的 1 000 人这个数量,成为许多其他国家的定额极　　135
限。在西边的殖民地,可以找到 4 个限定了这个数量的政体的地
方(而且可能有更多的地方也存在这种政体,因为意大利和西西里
岛的希腊城邦政体趋于类同);我认为,它们的起源应该可以追溯
到奥普斯。因此,在洛克里·埃皮泽弗里伊(Locri Epizephyrii),我
们知道有"千人团"和"百家团",它的政治制度可能源自它的大都
市,而"千人"的集会可能从那里传播到其他邦①。在克罗同(Cro-
ton),我们听说过这样的集会②:在雷吉乌姆(Rhegium)有一个"千
人大会",其成员是根据财产资格选出来的,掌控着所有行政管理
事务③。就是在这里,查隆达斯(Charondas)起草了法律,而这之前
不久,扎勒乌库斯(Zaleucus)在洛克里斯完成了起草法律的工作。
在阿克拉加斯(Acragas),继推翻僭主政治之后,人们建立了一个温
和的政府,关于它,我们也得知有一个"千人大会"④。

在科洛丰⑤和库麦⑥,我们听说了同样人数的团体,而在赫拉　　136
克利亚(可能在本都[Pontus]⑦),在叙拉古⑧和马萨利亚⑨有六百
人会议。在埃比道鲁斯(Epidaurus),整个公民团体由 180 人组
成⑩。在雅典革命中,寡头的四百人会议借口是要建立一个五千人

---

① 波利比乌斯,12.16.10。吉尔伯特:《手册》,第 2 卷,第 240 页,注释 2 认为大会
是由扎勒乌库斯(Zaleucus)建立的,它是荣誉政体。更有可能的是它来自大都
市,如果是这样的话,它很可能是基于出身决定的。
② 伊阿姆布里库斯(Iamblichus):*De Pyth. vit.*,35 260。Val. Max. 8.15.1。吉尔
伯特再次假设这个团体是荣誉政治的,格罗特(Grote,第 4 卷,第 324 页)则认
为千人团是从最初的殖民者中选出;关于这两种说法我都没找到权威证据。
③ 赫拉克利德斯,《希腊历史残篇集》,2.219。
④ 第奥根尼·拉尔修(Diogenes Laertius),8.2.66。
⑤ 雅典娜格拉斯,12.526 c,引用自塞奥庞普斯和色诺芬尼斯。
⑥ 赫拉克利德斯,《希腊历史残篇集》,2.217。
⑦ 亚里士多德:《政治学》,8.6,1305 b 11。
⑧ 狄奥多鲁斯,19.5(公元前 336 年)。
⑨ 斯特拉波,4.179;参照迪腾伯尔格:《总集》(Dittenberger, *Sylloge*),200. 42。
⑩ 普鲁塔克:《希腊研究》,1,"那 180 人的领导集体"。

的权力机构，这些人应该从具有重装步兵资格的人中选出①，而三十僭主（Thirty）则将公民权限制到三千人当中②。

在希腊人的思想中，似乎更支持只允许男性为公民。柏拉图在《法篇》中设计的政体由"完美数量"的公民组成③。在某些情况下，特别是在寡头制以外的其他政体中，都维持虚构一个固定数量的传统。因此，据说埃特纳（Aetna）的希耶罗（Hiero）设置的是一万名公民④；而在麦加洛波利斯（Megalopolis）所有公民似乎都可以参加万人会议⑤，而在雅典人推翻了四百人的寡头统治后，建立了一个名为五千人重装步兵的政体，不过，这个团体可能接纳了更多人参与⑥。

137　　我们对享有特权的公民实际上是如何从特定的团体中选出来的知之甚少。亚里士多德认为，它应该是通过选举产生的，而他这一假设意味着这种特权是终身享有的。⑦在其他一些城邦，特权可能是通过轮换的方式，由所有符合条件的人享有⑧：或者是在规定的时间间隔内全部或部分地解散权力机构，并任命新的成员。这种情况在亚里士多德对马萨利亚政府⑨的描述中有所暗示。一般

---

① 见附录 C。
② 色诺芬：《希腊史》，2.3.18；亚里士多德：《雅典政制》，36.1。
③ 柏拉图：《法篇》，5.737 E。在柏拉图的脑海中，似乎不只一次的出现千人政体。参见柏拉图：《政治家篇》，292 E，"在有一千人的城邦里"；《理想国》，4.423 A。
④ 狄奥多鲁斯，11.49。
⑤ 哈波克拉提昂（Harpocration）将麦加洛波利斯的"一万人"（μυρίοι）解释为"全体阿卡狄亚人的议事会"。狄奥多鲁斯（15.59）认为这限定了一个确切的数字。
⑥ 参见第 37 节第 8 个注释。
⑦ "选举"这个词似乎被慎重地使用"选出的"（αἱρετοί）表示，它出现在亚里士多德和赫拉克利德斯的著作中。
⑧ 这种方式有时被应用于民主政治，亚里士多德：《政治学》，7.4，1318 b 23，"在一些地方，并不是所有平民，而是从所有人选出一部分人参与选举官员"。这一原则在公元前 411 年的寡头政体中得到了确认。见附录 C 178 页注释②。
⑨ 在注释中所引用的亚里士多德的作品。我认为亚里士多德指的是斯特拉波指出的 600 人。唯一的差异是，斯特拉波提到 600 人（称为"受尊重者"）终身任职，而亚里士多德的描述意味着，在规定的时期进行选举，带有荣誉的竞争。但这一变化可能是在亚里士多德生活的时代之后出现的。

来说限定条件必须包括财产资格,但在马萨利亚,我们得知有不同的考查条件①。

接下来我们谈谈这些团体在政体中所占据的地位。它们的政治功能我在下面讨论②:目前,我想指出的是,就我们所能判断的而言,它们并不是单纯的政府机关,在一些特殊的城邦,它们构成了能够履行积极政治义务的公民的全体。它们是"全体集会"而不是"议事会",凡是在限定人数之外的人,无论是富人还是穷人,无论是贵族还是平民,都同样被排除在特权之外③。

138

---

① 亚里士多德的描述暗示出这种限制不是财产资格。斯特拉波说"行使领导权的受尊重者不是老人,不是小孩子,也不是成为公民后的第三代人"。

② 见第 47 节。

③ 这一点在亚里士多德的定义和详细解说中有所暗示。千人大会在奥普斯被称为"人民大会"(πλήθα),在阿克拉加斯被称为"集会"(ἄθροισμα),在雷吉乌姆(Rhegium),"他们控制着所有事情",在库麦,"政府"(ἡ πολιτεία)被委托给他们,在赫拉克利亚,"那个寡头政府……600 人"。术语"议事会"(συνέδριον)似乎专门用于这些团体(伊阿姆布里库斯、狄奥多鲁斯和斯特拉波),在其他地方用于公民集会。狄奥多鲁斯,16.65(科林斯的);哈波克拉提昂,"一万人"(μυρίοι)。此外,在寡头政治中,一个 600 或 1 000 人的议事会是不合适的。

第五章　寡头政府的组织

第三十九节　寡头制政府的一般原则

　　亚里士多德将政府中的必要要素定义为议事(这一术语包括议事会和公民大会)、裁决和司法①。现代理论则更多的是看政府的职能,而不是看行使职能的人,例如布隆赤利(Bluntschli)列举出的要素是立法权、行政权和司法权;他解释说:"亚里士多德称他的第一个要素为议事,而不是立法,因为立法权直到晚期才由民众大会行使,而且只是间接地行使,而他们的议事权则很重要"②。当然在希腊城邦,立法并不像在近代欧洲国家那样重要,但亚里士多德明

---

① 亚里士多德:《政治学》,6.14,1297 b 37,"执政者要把它们组合起来进行治理"。它们是"政体的各部分"。在 6.4,1291 a,亚里士多德在列举一个城市的 8 个"部分"(μόρια)时,提到"分配正义的法庭,议事会"以及"公民大会和执政者"。在 4.9,1329 a 3,对政府的要素进行了更多的含糊描述,"议事会是负责团结人们的,而裁判官是负责行使正义的"(见 4.9,1328 a 23;3.1,1275 b 18)。修昔底德:《伯罗奔尼撒战争史》,6.39,反对"议事会"和"裁判官"。

② 英译本《国家理论》(*Theory of the State*),第 484—488 页。

确地把立法列为议事要素的功能之一①。亚里士多德的纠正似乎　　*140*
是由于观点的不同而产生的错误：因为亚里士多德以希腊人所特
有的具体思想方法，着眼于政治权力的拥有者，而不是他们所履行
的职责，在下面对寡头政府的描述中，我将遵循他的分类。

　　寡头政治的特点是"由一些人（即少数人）对所有的事进行审
议"②，而从议事要素的定义来看，根据这项原则，必然得出这样的
一个推论，就是少数人应该拥有最高权力。因为"议事者有权力决
定战争与和平；有权力订立和解除联盟；有权力通过法律；有权力
开出处死、流放和没收财产的处罚；有权力举荐地方官并要求他们
承担责任"③。一个拥有这种权力的团体一定掌控国家主权。我接
下来考虑的是，在寡头政府中，国家主权最常委托给什么人。在贵
族制度中，主要的权力可能属于全体贵族，他们形成一个小规模的
特权者集团，但权力通常是由贵族委员会来行使，贵族委员会的贵
族可能被认为是代表他们的意志。因此，在寡头制中，虽然议事权
可以由一个小规模的公民大会行使④，但一般是委托给贵族委员
会，即寡头制政府的专门机构。

　　早期贵族国家的行政权通常委托给一个执政官，他的权力和一　　*141*
个国王拥有的权力差不多，并没有限制。随着政治生活的日益复
杂化，贵族们才逐渐将权力划分给一些专门的执政官。⑤

　　在早期的法律中，贵族委员会和执政官的权力都没有明确的界
定和限制。在这一点上，它们让人想起了英雄时代的元老院和国
王；我们现在要追溯荷马时代国家的第三个要素——民众大会的发

---

① "议事会"既有立法的，也有行政的。在亚里士多德：《政治学》，6.4，1298 a，法
　　律和立法被提到三次。
② 亚里士多德：《政治学》，6.14，1298 a 34。
③ 亚里士多德：《政治学》，6.14，1298 a 4。
④ 在某些"固定人数的寡头政治"中就是这样，见第 38 页。关于雅典五千人寡头
　　政治的特例，见下文附录 C。
⑤ 见吉尔伯特：《手册》，第 2 卷，第 323 页。

展。我们看到，民众虽然没有明确的权力，但他们被召集到市政广场，听取国王或贵族的意见，并以一种原始的喊叫方式来表示他们赞同或反对。贵族阶级的兴起，让他们变得更加微不足道。国王因其地位高而不受贵族影响，从而更能对所有人一视同仁；但统治者极少考虑到人民，因为他们对政治主权的要求是建立在社会优越性之上的。因此，在许多贵族国家中，民众大会不得不屈从对其权力的进一步限制，要么委曲求全地维持下去，要么在政治机构中被彻底剔除。①

142 　　寡头政治不大可能让少数特权阶层以外的人参与政治管理。很有可能的是，在大部分寡头国家，都有一个由合格的公民组成的组织，而在某些国家，在其他所有方面都无法行使政府权力的贫困阶级，也可以参与这个组织②。但无论如何组成，这个组织的权力与贵族议会相比，是微不足道的，寡头政府通过将职责委派给较小规模的议会或执政官，来实现他们的权力专门化、效率、保密和快速反应等。

---

① 为了减少民众大会的权力，我们可以比较一下，在斯巴达增添了"元老院"，通过这种方式，普通公民失去了他们以前拥有的"决定权和发言权"（普鲁塔克：《来库古传》，6）。在雅典的贵族政体里，没有提到民众大会：所有的权力似乎都属于地方法官或议事会，我们知道，尤帕特利德斯（Eupatrids）强制运用它。很明显，普通公民在"少数人掌权的寡头制"（δυναστεῖαι）这样的政府中没有发言权。
② 见下文第 47 节。

第四十节　寡头制执政官的权力

詹姆斯·斯蒂芬爵士(Sir James Stephen)曾说过:"统治者可以被视为臣民的上级,根据他的地位来推测,他大概是明智的、善良的;或者他可以被视为代理人和受雇者,而臣民则成为睿智和善良的主人,他们不得不把自己的权力委托给所谓的统治者,因为作为平民大众,他自己不能行使权力"。在这里,存在贵族寡头与民主情绪的对立,这一点可以从希腊文学中得到大量实证。

因此,柏拉图几乎做出了同样的区分,他说民主国家的人民称他们的统治者为"执政官"(ἄρχοντες),而在其他国家则称做"主人"(δεσπόται)①。德摩斯提尼说,寡头政治中的臣民是"懦夫和奴隶"②,所有的事情都要严格服从命令③,而且即使执政官很坏,说他们的坏话也是犯罪④。当然,他作为民主政治的拥护者,他所给出的证据要打折扣。寡头统治者的特点是不允许批评,不容忍反对,要求人们立即服从于他。毫无疑问,这就是寡头政治宣称它自己具有治理良好、秩序井然的特征的理由⑤。我已经提醒大家注

143

---

① 柏拉图:《理想国》,5.463 B。亚里士多德:《政治学》,3.4,1279 a 33,b 8 对比了"主人统治"和"执政官统治"。

② 24.75。见伪德摩斯提尼,60.25,恐惧是一种强有力的动机。

③ 19.185,"因为在这些体制中,任何事都立刻在命令下执行"。这与民主体制中"政治中的话语"形成对比。

④ 22.32,"因为在任何寡头政府中,即使有比安德罗提昂更坏的人活着,也没有人能够说统治者不好"。

⑤ "优良政治"(εὐνομία)和"节制"(εὐταξία)通常被寡头们所宣称。哲学家们是否会把拥有它们的功劳归功于激进而专制的统治,这是令人怀疑的。因此亚里士多德:《政治学》,6.3,1290 a 27 把寡头制政府称为"集权且专制的"。在 4.4,1326 a 26,他认为"优良政治"和"节制"在人口过多的城市里几乎找不到,尽管"节制"是寡头政治的救星(7.7,1321 a 3)。

古希腊寡头政治：特征与组织形式

意,在斯巴达,盛行严格地遵守法律①,而虽然大多数寡头国家的人可能没有像斯巴达这么遵守法律,但执政官无疑会迅速地处罚任何不服从或蔑视权威的行为。

　　这种关于政府权限和权力的思想,在寡头政治中占主导地位,通过与民主政治理论的对比,我们可以更加清楚看到这一点。在充分发展的民主制度中,人民希望直接行使自己的权力,他们嫉妒除人民大会以外所有的国家机构,委员会和执政官在各方面都成为人民权力的附属代理者。政府的职责分配给许多行政官,他们的权力受到尽可能多地限制:他们从普通人中抽签选出(因此不可能让他们有太多自行决断的权力);他们的任期很短,通常禁止连任,职位要轮换,所有行使最小权力的人都要对管理团体负全责。②

　　在寡头政治中,几乎所有这些情况都是相反的。政府的职能并没有如此彻底的分工;执政官有较大的独立权力,他们由一个少数人组成的特权群体委任,并且也是出自这一个群体,同一执政官可以连任,而他们经常是最不负责任的。这几点必须详细进行讨论。

---

① 见第 32 节,注释 10。
② 关于民主政治的这一特点,特别是在与抽签的使用相关的方面,参见黑德拉姆先生的《抽签选举》(Mr J.W. Headlam, *Election by Lot*)。

第四十一节　执政官的委任与资质

寡头政治的特点是将职位及任职权力都限制在特权阶层①。 *145*
候选群体可能与有资格任职的阶级相同②,或者候选人可能比选民
有更高的资格限制③。另一方面,在没有公民大会的寡头国家,或
是那些公民大会的权力微乎其微的国家,选举由贵族议事会
掌控④。

抽签选举是任命官职常见的方式⑤。在寡头政治中,也可能会
使用抽签方式⑥,有时它被用来制衡大家族或小集团的权力,不过,
它可能很少发挥作用:因为寡头政治并不像民主政治那样,会相信
所有的人都有同等的资格担任政治职务。抽签可能会让"普通人"

---

① 关于极度腐败,见亚里士多德:《政治学》,6.15,1300 b,很明显"从特定的人中
(选出)的那些人"是寡头政治的。

② 在斯巴达,监察官"从全体民众产生"(亚里士多德:《政治学》,2.9,1270 b 8),
"元老们"来自"又好又高贵的人"。在克里特,"政府人员"来自"某些氏族"
(2.10,1272 a 34)。

③ 参见亚里士多德:《政治学》,8.6,1305 b 30,"在一切执政官职位不是选自寡头
们,而是由重装步兵或平民选出的寡头政体,类似的事情都会发生",选举权被
赋予给重装步兵的大会,或者可能是那些被排除在政府之外的阶层。也参照注
释2中的段落,以及下文注释14所引用的6.15,1300 a 15,还有1300 b 4。

④ 根据亚里士多德:《雅典政制》,8.2,战神山议事会最初有选举权,在雅典革命性
的政府中,四百人议事会有权任命地方法官(《雅典政制》,30.2;31.2),三十寡
头也是这样的(35.1)。

⑤ 亚里士多德:《政治学》,6.9,1294 b 8,"抽签选出执政官是民主政治,而选举则
是寡头政治"。

⑥ 亚里士多德:《政治学》,6.15,1300 b。也见吉尔伯特在《手册》第2卷,第319
页,注释1中引用的修辞家阿那克西米尼斯(Anaximenes)。这是一个理想的方
案,而不是对经验的概括。

146　担任官职①,但寡头比哲学家②更不相信"普通人"的政治能力。在亚里士多德看来,以口头表决方式来任命官员,是一种"幼稚"的方法③,比抽签好不了多少④。这种方式在斯巴达盛行,可能在克里特岛也是这样。在某些情况下,一些地方存在着双重选举流程⑤,抽签和选举相结合⑥,更罕见情况下可能是合并选举⑦。

147　　　关于担任官职的资格方面,在一些公民权得到扩展的寡头制城邦中,为执政官设置各种专门的资格限制是自然而然的事情⑧。在一些贵族制度中,特殊的家族享有高于其他家族的特权⑨;而在寡

---

① 亚里士多德:《雅典政制》,27.5,"普通人更加关注抽签担任官职";色诺芬:《回忆苏格拉底》,3.9.10,由"运气"选举或抽签被归为一类。

② 除了上一个注释中的段落,参见亚里士多德:《政治学》,2.8,1269 a 5(远古的人就像"靠运气的人"和"愚蠢的人");8.8,1308 a 34("靠运气的人"与"城邦中的公众"相对);8.8,1309 a 9。

③ 普鲁塔克:《来库古传》,26,描述了斯巴达的"元老院"的选拔,"用呼声高低来竞争"。这在亚里士多德:《政治学》,2.9,1271 a 10 中被恰当地描述为"幼稚的"(παιδαριώδης),元老院的选拔也用了同样的词语(2.9,1270 b 28),我们可以推断采用了同样的方法。

④ 亚里士多德说"靠运气的人"被任命为监察官。柏拉图:《法篇》,3.692 A,形容监察官的权力是"近似于抽签获得"。克里特的科斯米(Cosmi),在选举方式的术语上与监察官类似:"从靠运气的人之中产生"(2.10,1272 a 30)。

⑤ 亚里士多德(《政治学》,2.6,1266 a 26)在批判柏拉图《法篇》中的法官任命时,将其描述为"从那些被选出的人中选出的人"。将领和其他军官的任命是这样进行的(《法篇》,6.755),但大多数治安法官是通过抽签和选举相结合的方式任命。在雅典的四百人议事会中,有地方法官的双重选举流程(见附录C)。三十寡头下属的五百人委员会也是这样任命(亚里士多德:《雅典政制》,8.1)。

⑥ 这个原则被认为是寡头政治和民主的共同点(亚里士多德:《政治学》,2.6,1266 a 9)。在梭伦政体下,执政官"从候选人中抽签选出"(亚里士多德:《雅典政制》,8.1)。

⑦ 亚里士多德:《政治学》,2.11,1273 a 13(迦太基),并且它被定义为寡头政治,"这5位执政官……他们是被选出的"。这四百人被挑选出来的过程在修昔底德:《伯罗奔尼撒战争史》,8.67.3 中有描述,它是一种合作关系。

⑧ 见129页注释3中对亚里士多德的引用,以及参照《政治学》,6.15,1300 a 15,"从全体公民或从符合财产、出身、德行等方面条件的公民中选出,或某些其他条件"。

⑨ 见129页注释2。

头制度中,财产和年龄往往成为任职的条件。在德拉古法律中,我们发现了一个特殊的财产条件;而梭伦(他的改革在许多方面都具有民主倾向)则制定了一种复杂的特权等级制度①。我们可以假定,在许多寡头政治中也有类似的规定②。

在一些城邦,它们通过其他的方式间接达到相同的目的,它们或者通过设定一些条件,使穷人不愿担任公职,或者阻止富人放弃他已被任命的职务③。这一原则适用于每一项政治活动的履行,亚里士多德把它描述为一种寡头的策略,即对不参加集会或不担任法官的富人处以罚款④。在亚里士多德归于德拉古的法律,以及雅典曾规划的寡头制度中,可以找到实行这一原则的例子。⑤另一方面,为公共服务支付报酬是一种民主的制度⑥,很少出现在寡头政治中⑦。相反,最高职位承担着巨大的开支负担,以至于穷人可能不愿意担任这些职位,这明显属于寡头政治。⑧

在所有城邦里,无论是寡头制还是民主制城邦,相比履行其他普通公民义务时设置的年龄限制,它们通常对履行职权所设置的年龄限制更高;但这一原则在寡头制国家比在民主制国家走得更远。"在社会的早期阶段,年龄意味着统治,而统治暗示出年龄⑨";在寡头国家的元老院(通常是贵族政治的遗留物)中,年纪大往往

148

---

① 亚里士多德:《雅典政制》,4.2;7.3(梭伦),"按照各财产等级指定相应官职"。
② 参见亚里士多德:《政治学》,7.6,1320 b 22,在一个温和的寡头政治中,"它区分两种财产标准,财产少的人只能担任主管日常事务的官职,财产多的人担任更重要的官职"。参照柏拉图:《法篇》,5.744 c。
③ 参见亚里士多德:《政治学》,2.6,1266 a 9,"富人被法律强制出席公民大会,选举行政人员或履行别的义务,其他人则随便,这具有寡头政治的特征"。
④ 亚里士多德:《政治学》,6.13,1297 a 16;参照柏拉图:《法篇》,6.764 A。
⑤ 亚里士多德:《雅典政制》,4.3;30.6。
⑥ 亚里士多德:《政治学》,6.13,1297 a 36。
⑦ 四百人的政体保持支付执政官们和"主席团"(πρυτάνεις)的薪水(亚里士多德:《雅典政制》,29.5),但该政府是一个伪装成民主政府的寡头政体。
⑧ 亚里士多德:《政治学》,7.7,1321 a 31。
⑨ 弗里曼:《比较政治学》(Freeman, *Comparative Politics*),第72页。

是一个必要的资格条件,而大多数情况下,元老是终身任职的①,因此它必然成为长者的天下。

将高龄作为任职条件的具体事例并不常见。②西西里远征后,雅典任命的制衡民主制度的行政官们是一群老人,③而在卡尔基斯(Chalcis),执政官的年龄至少要达到 50 岁④。

----

① 见下文第 44 节,并参照标题"长老议事会"(γερουσία)适用于许多旧的议事会。
② 除第 34 节所述的宪政外,没有任何成熟年龄是公民身份必要条件的实例。在亚里士多德:《政治学》,6.13, 1297 b 14,"马里的政体就由这两类人构成,但官职只有现役人员才能担任",令人怀疑的是,"已经准备好的人"是否表示那些已经结束服务的人,或者是否意味着也包括"正在服役的人"。在柏拉图的《理想国》(7.740 A)中,监察官员直到 50 岁才被允许进行统治,在亚里士多德所说的理想状态下,年轻人被排除在审议(即政治)权力之外(《政治学》,4.9, 1329 a 13;4.14, 1332 b 35),很可能有些国家也有类似的规定。德拉古宪法(亚里士多德:《雅典政制》,4)间接使得在成熟的年龄才具备"将军"的资格。
③ 修昔底德:《伯罗奔尼撒战争史》,8.1。
④ 赫拉克利德斯,《希腊历史残篇集》,2.222。(我不知道"作为长者"是否意味着要成为议员,但它的一般含义在这里似乎并不合适)很难相信所有的执政官(例如军官)必须年满 50 岁。

第四十二节　执政官的任期与职责 149

从寡头建立的政府的一般概念来看,我们往往很自然地认为它们会给予其执政官的权力任期要比民主国家给予得更长①,并允许他们连任其职务。在世袭国王遗留下来的法律中,我们可以找到相关的具体实例,这些法律造就了"终身执政官"制度②:在雅典最 150 高执政官的案例中,我们可以追溯到执政官任期从终身制,逐渐过渡到任期 10 年,然后再过渡到任期 1 年的情况。但在法律发展完善后,即使是在寡头国家中,除了元老院之外,我们再也没看到有其他职位任期超过 1 年的例子,而元老院成员往往是终身任职。

在寡头政治中,从来没有像民主制中那样强制执行执政官义务的观念,它只是民主制度的一个独特观念。在寡头制职权概念下,执政官并不被强制对普通公民大众负责:如果执政官与任何督察和审计的机构意见相冲突,就会损害到政府的权威。同时,寡头制能否成功完全取决于执政官和元老院的能否紧密合作,以至于执政官极不可能做出挑战元老院权威的行为:而元老院通常由卸任的执政官组成,从其成员的年龄和经验来看,它有能力令其建议等同于命令,将其指责等同于问罪。因此,毫无疑问,贵族元老院和寡头元老院的无限权力往往包括控制执政官的权力,确保他们不

①　亚里士多德:《政治学》,2.11,1273 a 15,长期任职被定义为寡头政治。也参照 8.8,1308 a 24。

②　亚里士多德:《政治学》,3.15,1287 a 5,描述了王权就像是"终身的将领"。奥普斯和埃皮达姆努斯(在这里提到)的首席执政官可能终身任职,但这段话可以有另一种解释。

违反法律，并在他们触犯法律时对其进行处罚①。

斯巴达的法律与其他城邦的法律有很大的不同，它把对所有执政官的监督权交给了监察官（Ephors）②。在那些强调严格遵守法律的国家中，由执法人员负责监督执政官遵守法律，并因此形成了对他们的控制委员会③。但在大多数国家，执政官有很大的自由。他们根据自己的判断来行事，不受成文规则的约束④；而寡头政治会比民主政体更倾向于委托独立执政官或小的执政官委员会，让其拥有全部和绝对的权威⑤。监察官和科斯米（Cosmi）的权力已众所周知，另一个重要的例子是公元前 411 年雅典的寡头政府。在临时政府下，10 位将军拥有绝对权力，只需酌情与贵族委员会协商⑥。

151

---

① 关于战神山议事会的记录是，他们必须让执政官遵守成文法律（亚里士多德：《雅典政制》，4.4；在该卷的第 2 节中有很多困难，在没有任何暗示的情况下提到了"审查者"）。梭伦赋予了执政官向人民交代的权力，但战神山议事会仍然是法律的守护者（亚里士多德：《雅典政制》，8.4，"成功的政体"委托"保卫法律的职责"），所以一定对执政官有控制权。在雅典，四百人议事会有"审查"的权力（亚里士多德：《雅典政制》，31.1）。见普鲁塔克：《希腊研究》，2，关于克里特的"夜间议事会"。议事会本身通常是不承担责任的。

② 亚里士多德：《政治学》，2.9，1271 a 6。亚里士多德：《修辞学》，3.18，1419 b 31，以及普鲁塔克：《阿吉斯传》，12，吉尔伯特：《手册》，第 1 卷，第 59 页，注释 1，结论是，监察官负有责任，必须向他们的继任者们交代。

③ 见下文第 43 节。

④ 亚里士多德：《政治学》，2.9，1270 b 29，斯巴达的监察官决定"自愿做的事"，不"按照文件和风俗"。参照 2.10，1272 a 38。

⑤ 参见提奥弗拉斯托斯：《人物品格》（Theophrastus, *Characteres*），8；寡头们常说，在讨论任命执政官时，"他们是自己决定的"。

⑥ 亚里士多德：《雅典政制》，31.2。

第四十三节　独立执政官与执政官管理委员会

科林斯巴克巴基亚德代家族统治时的政府是最古老的贵族政府类型的代表,这个氏族组成了一个政府委员会,他们共同控制国家,并每年任命他们中的一个成员拥有前国王的地位和权力①。我们不必假设他是唯一的执政官②,但他被尊为首领,毫无疑问,他掌握着主要的行政权力。在大多数国家中,政治职能逐渐被分解;军事指挥权从民政管理中分离出来,而民政管理则由若干文职行政官分担;许多寡头制城邦仍由一个人担任政府的首脑③,并主要由他掌控行政管理权,而民主城邦则倾向于将权力进行划分,质疑权力的掌控者,因此设立了几个执政官委员会。在奥普斯和埃皮达姆努斯(Epidamnus)④,在意大利的洛克里(Locri)⑤和埃里亚

---

① 狄奥多鲁斯,第7卷,残篇,"巴克基代家族……他们中有200多人掌握统治权力,控制了城邦;他们每年从中选出一个人担任首席执政官,此人就像国王一般"。

② 大马士革的尼古拉斯:《希腊历史残篇集》,3.392,暗示有一个"军队统帅"(πολέμαρχος):如果这样的话,"首席执政官"(πρύτανις)就不是总指挥官了。

③ 亚里士多德:《政治学》,8.1,1301 b 25,"那一名执政官是寡头政治的"(埃皮达姆努斯)。

④ 亚里士多德:《政治学》,3.16,1287 a 6,"许多地方都设置了一名最高官员来进行裁决;这种官职在埃皮达姆努斯和奥普斯都有"。在洛克里斯,我们也许可以把这个执政官和 I.G.A.,321,41(罗伯茨:《铭文学》,第231页;希克斯:《手册》[Hicks, Manual],第63页)提到的"执政官"联系起来。在129页注释2中亚里士多德引用的一段话,我们可以得出结论,在埃皮达姆努斯的裁判官被称为"执政官"(ἄρχων)。吉尔伯特:《手册》,第2卷,第237页的注释。认为他被称为"管理者"(διοικητάς)。

⑤ 考厄:《选集》(Cauer, Delectus),第112页,罗伯茨:《铭文学》,第292页,"最高官职"被用作形容在不同的城镇里不一样的执政官(可能是有不同的头衔)。

(Elea)不同社区①，都任命了独立执政官，他们被描述为行政管理
的最高长官②。在大多数希腊城邦，都有一名行政官，在形式上，他
是行政长官，但除了这些仅仅是挂名的长官之外，我们可以把
"πρύτανις"认定为寡头政治中特别频繁出现的执政官③。

153

这种独立执政官被赋予了很大的权力，但一个小的执政官委员
会，如果能够做到团结一致，一定会拥有更多的权威。这种委员会
最好的例子是斯巴达的监察官和克里特的科斯米（Cosmi）。斯巴
达的监察官享有很高的威望④，而科斯米（常被拿来与斯巴达的监
察官相比较）也拥有战争的指挥权⑤。多利亚人在意大利的殖民地
赫拉克里亚（Heraclea）、塔伦图姆（Tarentum）和锡拉岛、昔兰尼也
有这种监察官的身影⑥。

154

在西洛克里斯，"damiorgi"是首席执政官⑦；在许多城邦，具有
这一头衔的执政官拥有主要行政权⑧。在雅典，在早期的政体中，
可以追溯到国王权力的逐步划分，而在四百人会议的寡头政治中，
主要权力委托给一个十人委员会，在公元前 404 年，三十僭主似乎

---

① "城邦管理者"（κοσμόπολις），波利比乌斯：《通史》，12.16。
② 在没有实权的同名执政官中，我们可以列举波奥提亚的"执政官"（ἄρχων），麦
加拉的是"王者执政官"（βασιλεύς）。
③ 除了科林斯，参照米利都（"参议官在许多事情上有最高权力"，亚里士多德：《政
治学》，8.5，1305 a 16）；特涅多斯（品达：《尼米亚颂》，11.1）；密提林（考厄：《选
集》，472.20）；克罗同（雅典娜奥斯，12.522 A—D）。
④ 亚里士多德：《政治学》，2.9，1270 b 7，"这一职位具有最高权力"。他将其称为
"十分强大的和僭主一般的"。参照普鲁塔克：《阿吉斯传》，4。
⑤ 亚里士多德：《政治学》，2.10，1272 a 9。
⑥ 铭文证明了相对较晚的时期内，锡拉和赫拉克利亚存在着监察官；但是由于所
有这些殖民地都与斯巴达有着直接或间接的联系，我们可以认为监察官是一个
早期的机构。关于锡拉参见考厄：《选集》，148.1；昔兰尼，赫拉克利德斯，《希腊
历史残篇》，2.212；赫拉克利亚，考厄：《选集》，40.1（约公元前 400 年），由于
赫拉克利亚是塔伦图姆的殖民地，我们可以假设这个地方官也存在于大都市。
亚里士多德：《政治学》，2.10，1272 a 9。
⑦ 罗伯茨：《铭文学》，第 232，233 页（I.G.A.，322，323）。
⑧ 例如见吉尔伯特：《手册》，第 2 卷，第 327 页。

已经独揽国家的行政。

马萨利亚向我们展示了一个随着权力不断分化而精心设计出的政体。在马萨利亚，从"六百人议事会"中选出 15 人管理时事；然后从这 15 人中选出 3 位主席，再从 3 位主席中选出一人掌管国家的最高权力①。这个确保执政官出自议事会成员的制度，产生了一个秩序良好的政府，并持续了若干世纪。雅典的"四百人议事会"（Four Hundred）也曾做过类似的尝试，它试图将联合执政用于行政管理，因为在设想的政体中，所有的执政官都将从四百人的议事会中选出②。

还有一些与特殊政体相关的执政官。其中有一类承担监察职责，负责监管妇女和儿童，监控体育馆：亚里士多德把这类地方官称为贵族式的而非寡头式的③。他说，在寡头政治中，不可能会有这种执政官④；但旧式的贵族政治却曾声称要对其成员进行严格控制。在斯巴达体制中，国家对私人的干预涉及生活的每一个细节，尽管它没有成功地压制住妇女，而正是她们的行为被亚里士多德视为斯巴达的一大缺陷⑤。

关于政务执政官，"审查委员会"（probuli）被描述为寡头政治的；"保卫法律者"（nomophylaces）被描述为贵族政治的，而二者都经常与民主政治的大委员会做对比⑥。"审查委员会"通常是大委员会的一个部门或委员会，因此，这种执政官的官职将在下一节进行讨论。

另一方面，虽然"保卫法律者"常与议事会和"审查委员会"相

---

① 斯特拉波，《地理学》，4.179。
② 亚里士多德：《雅典政制》，30.2。见附录 C。
③ 在 7.8，1322 b 37，"它们在城邦繁荣时有一些特殊职能，它们安排得很好，比如监护妇女、保护法律、监护儿童和主管体育锻炼"。"关心良好秩序"的国家自然会维持审查制度。
④ 亚里士多德：《政治学》，6.15，1300 a 4。
⑤ 亚里士多德：《政治学》，2.9，1269 b。
⑥ 亚里士多德：《政治学》，7.8，1323 a b。

联系，但它似乎是形成了一个独立的执政官团体①。他们被赋予自由裁量权，以确保法律得到恰当的遵守，他们似乎也能够对公民的私人生活进行某种程度的审查。我们可以认为，他们的权力与战神山议事会的权力非常相似，后者经常被描述为法律的监护者。在一个国家秩序依赖对传统法令的遵守的国家里，他们的存在是自然而然的事情。他们的职责是监管法律得到适当的遵守，确保不出现任何与法律相冲突的建议，并保护国家档案，以便保存恰当的记录②。

156 在阿布德拉（Abdera）、卡尔西顿（Chalcedon）、米拉萨（Mylasa）和科西拉（Corcyra）有这样的执政官，在安达尼阿（Andania）、埃利斯和特斯皮埃（Thespiae）也有，只是头衔略有不同③。

关于"立法者"（thesmothetae），亚里士多德在设计雅典政治之时，分配给他的职责跟"保卫法律者"的职责非常相似④。在公元前4世纪末的雅典民主政治改革时，设立了7个"保卫法律者"，司监察民主政治之职⑤。另外的司"保卫法律者"之职的执政官是注册管理员，他们主要监管私人契约和公共文档，但他们似乎不被看作是一个寡头政治的专门机构⑥。

---

① 这是关于雅典的"法律保护者"（νομοφύλακες）的陈述：见本节第24个注释。在某些情况下，这些执政官可能能够否决公民大会提出的建议，从而行使通常由议事会保留的职能。

② 对他们的职责最好的概括描述，见色诺芬：《经济论》，9.14，"在那些秩序良好的城市里，公民们不仅以通过良好法律为满足，他们还要选择法律的保护者，使他们担任监察员，奖励遵守法律的人，惩罚违反法律的人"。参照柏拉图：《法篇》，6.754 D（关于他的体制中的"法律保护者"），"首先，他们要担任法律的监管者；其次，他们要担任登记册的保管员，每个人都要在登记册上为官员写下其财产数额"。（他们在其他方面的职责似乎比这位执政官的职责更为广泛）参照西塞罗：《论法律》，3.20，46。另见注释24中对雅典执政官们的描述。

③ 见吉尔伯特：《手册》，第2卷，第338页，注释1。

④ 亚里士多德：《雅典政制》，3.4。

⑤ 他们的职责在 Lex. Rhetor. Cantab.，674 中陈述。有人认为，最后一句话是错误的，因为在德米特里乌斯改革之前，没有任何迹象表明这一执政官的存在。

⑥ 亚里士多德：《政治学》，7.8，1321 b 34。

第四十四节　议事会的构成

　　一般来说,议事会是寡头政治构成中最重要的组成部分。在英雄时代的君主制和贵族制时代,它是贵族的代表,在后来的寡头政治中,它继续代表特权机构。它是国家的最高权力机关,就像人民大会在民主制度中一样,同样,在一个国家中,一个机构强大时,另一个就必然处于从属地位①。但寡头制的议事会与民主制的议事会不仅在权力和重要性上不同,而且在规模和构成上也不同。民主制的人民大会不得不将其部分权力下放给议事会,但为了尽量减少议事会成员个人的权力,它吸纳了大量的公民,通常是通过抽签任命的,这个大型委员会被认为本质上是民主制的②。

　　另一方面,寡头制下的议事会则由少数成员组成,即使在人口最多的国家也很少超过 100 人。在斯巴达,是 30 人,在克尼多斯(Cnidus)是 60 人,在科林斯③是 80 人,在埃利斯是 90 人;而战神山议事会是由终身任职的卸任执政官组成的,据统计,一次不会超过 90 人④。在寡头政治出现的少数几个较大议事会的例子中,我们可以假定它们实际上取代了人民大会,而且没有别的机构再被赋予实权。因此,在公元前 411 年雅典的寡头革命中,五千人会议

---

① 亚里士多德:《政治学》,6.15,1299 b 38,"预议会要高于议事会,因为议事会有民主政治特点,而预议会有寡头政治特点"。寡头政治恰恰相反。参见黑德拉姆:《抽签选举》,第 42 页,"如果我们用希腊语中的'多数人统治'、'少数人统治'以及'公民大会统治'和'议事会统治'来代替,同样正确"。

② 亚里士多德:《政治学》,7.8,1323 a 6。

③ 关于科林斯,见第 46 节第 2 个注释。

④ 赫尔曼:《国家古物教科书》(Hermann, *Lehrbuch der Staatsaltertümer*),第 388 页,注释 6,引用提特曼(Tittmann)的话。

古希腊寡头政治：特征与组织形式

实际上被排除在政府之外，而在规划政治机构时，代理委员会似乎是要由全体公民的四分之一组成①。在后来的寡头制中，三十人会议提名了一个五百人的议事会，但这是该政治构成中人数最多的机构，三十人自身可能也是一个议事会②。在人数固定的寡头政治中，公民大会规模不那么大，不至于专断，议事会就不会如此不可或缺，这也可以解释，为什么我们在这些政治构成中找不到那么多证据③。

　　我接着讨论任命议事会成员的方法。在原始时期，当政府是父权制的时候，酋长们可能被国王召集起来向他提供建议④。当最高权力从国王转到酋长时，委员会要么包括一定年龄的所有贵族，要么由组成国家的所有氏族联盟的首领组成⑤。

　　希腊国家在后来确立起一些选举原则。在斯巴达⑥、埃利斯⑦和克尼多斯⑧，议事会成员是从某些特权阶级或家族中选举出来

---

① 在临时宪法中，四百人议事会是最高权力机构。有关政体的构成，请参见亚里士多德：《雅典政制》，30.3 以及下文附录 C。

② 亚里士多德：《雅典政制》，35.1。"三千人"似乎从来没有过任何权力。

③ 迪卡尔克，《希腊历史残篇集》，2.44 提到在克罗同的"元老院统治"：在洛克里斯，我们发现"一千人"（χίλιοι）履行通常属于寡头议事会的职能。在马萨利亚，从"元老议事会"（συνέδριον）中选出 15 名"领导者"（προεστῶτες），他们可能组成了一个议事会，见斯特拉波：《地理学》，5.179。

④ 据我所知，没有任何证据表明议事会是如何在英雄时代的政体中产生的。

⑤ 埃皮达姆努斯的"部落长老"（φύλαρχοι）参议员的头衔可能指向一个体系，在这个体系中，"部落"（φυλαί）等于他们的划分；斯巴达的"长老"（γερουσία）可能最初代表了 30 个奥比斯。在许多国家里，议事会成员的人数与"部落"（φυλαί）有联系，最初较小的部门可能有代表。

⑥ 亚里士多德：《政治学》，2.9，1270 b 24。

⑦ 亚里士多德：《政治学》，8.6，1306 a 18，说"选举"（αἴρεσις）是"少数人掌权"（δυναστευτική，我认为这是指来自某些家庭），并且他把它与斯巴达人的方法相比较。

⑧ 普鲁塔克：《希腊研究》，4，"从最优秀的人当中优先选中的人"（πρόκριτοι ἐξ ἀρίστων）。斯巴达的"又好又高贵的人"以及克尼杜斯的"最优秀者"（ἄριστοι）是指某些特权家庭，还是仅仅指财富和教育的要求，这一点值得怀疑。关于斯巴达，见第 32 节，第 7 个注释。

的;在埃皮道鲁斯,议事会成员则是从 180 名公民中选出 60 人组成①。在雅典②和克里特③,首席执政官在任期结束后被纳入议事会。我们没有足够的资料来说明一般寡头政治议事会的构成,但我们可以推断,议事会成员,跟执政官的最高资格限制一样,同样有最高的资格要求,而且通常需要执行最谨慎的选举程序④。但是,议事会成员与执政官也有不同之处,后者通常有较高的年龄限制⑤,同时,在许多情况下,他们是终身任职⑥。

160

最常见的用于描述寡头制的元老院的词汇是 γέρουσία,虽然有时可能也用 βουλή;在老的寡头制议事会与民主议事会并存的政治结构中,有时会用 γέρουσία 和 βουλή 加以区分⑦。议事会成员通常被称为 γέροντες,但在不同的城邦,还有许多其他的头衔可以用来指代他们,我们还知道有埃利斯的 ζαμιωργοί⑧,特奥斯的 τιμοῦχοι⑨,埃皮道鲁斯的 ἄρτυνοι⑩,克尼多斯的 ἀμνήμονες⑪,埃皮达

---

① 普鲁塔克:《希腊研究》,1。
② 亚里士多德:《雅典政制》,3.6;普鲁塔克:《梭伦传》,19。
③ 亚里士多德:《政治学》,2.10,1272 a 34(“长老从以前体制当中的人选出”),以及斯特拉波:《地理学》,10.484,两者都暗示了一些以前的体制中选择的原则。
④ 从我们掌握的确切资料的少数情况来看,很明显,选举议事会成员的条件比选举执政官的条件更为严格。
⑤ 在斯巴达,年龄至少要 60 岁(普鲁塔克:《来库古传》,26),而且经常对议员们使用“长老”(γέροντες)的头衔,对元老院使用 γερουσία 的名称,这表明在其他地方,年龄的限制是必要的。
⑥ 议员年龄的例子有斯巴达、克里特、埃利斯、克尼杜斯的议事会(普鲁塔克:《希腊研究》,4),还有雅典的战神山议事会。
⑦ 以弗所见斯特拉波:《地理学》,14.640,迪滕伯格:《总集》(Dittenberger,Sylloge),134。在克里特,议员们被称作“长老”(γέροντες,亚里士多德这样描述他们),元老院被称为 βωλά(考厄:《选集》,257)。
⑧ 吉尔伯特:《手册》,第 2 卷,第 101 页,认为 ζαμιωργοί 是一些国家的议员,并且他们联合为联邦的“议事会”ζαμιωργία 形式(在考厄:《选集》,257 中提到了它们)。
⑨ 迪滕伯格:《总集》,234.13。
⑩ 普鲁塔克:《希腊研究》,1。
⑪ 普鲁塔克:《希腊研究》,4。

姆努斯的φύλαρχοι①。

寡头政治的议事会一般由相对较少的人组成,这些人在出身和财富方面符合最高条件资格,他们通常担任过最重要的执政官,而且在大多情况下,他们是终身任职。

---

① 亚里士多德:《政治学》,8.1,1301 b 22。

第四十五节　议事会的权力

因此,寡头议事会的成员在其国家中享有最高的政治特权,而它自身也必然带有一种排他性和贵族精神。它的权威是巨大的。执政官担任临时职位,通常不能独立履行职责,他们应寻求并听从这个由前执政官组成的议事会的建议,而该议事会可以不负责任地按照他们自己的判断做出决定,并且它往往是政治结构中唯一的常设机构;无论在理论上政治权力如何划分,这样的机构都必然控制着国家政策:执政官在它的领导下行事,因此在某种意义上,执政官便成为对它负责的大臣。

它的权力无法界定,原因就在于这些权力是无限的①:它的特权渗透到任何行政事务,即使在人民大会稍微重要的情况下,议事会也能决定哪些事务提交给它,从而对其程序行使否决权②。

因此,我们发现,对寡头政治中元老院权限的描述是最模糊的。战神山议事会"掌管大部分最重大的事务③",是"国家的监管者④"。在克尼多斯,元老们是"重大事务的监管者和顾问⑤";在克里特,长老们是"无需负责任的、拥有绝对权力的⑥"、"重大事务

---

① 这一点是由海德拉姆先生(J. W. Headlam)在一篇文章《雅典议事会》(The Council at Athens)中提出的(《古典学评论》[Classical Review],第六卷,第 296 页),"自然的结论是,(早期战神山)议事会从来没有任何明确和有限的职责。执政官们是执行者;议事会监督、指导他们,必要时惩罚他们。"

② 即使在民主政治中,议事会也是"进行协商"的;并且这部分职责在寡头政治中肯定更为重要。见下文第 46 节。

③ 亚里士多德:《雅典政制》,3.6;4.4。

④ 亚里士多德:《雅典政制》,8.4。

⑤ "监督者……以及大的预议院",普鲁塔克:《希腊研究》,4。

⑥ 亚里士多德:《政治学》,2.10,1272 a 36。

的顾问①"，而在斯巴达，虽然监察官的权力几乎达到了专制的程度，但他们的任期只有一年，据说元老院"统治一切"，是"国家事务的主宰者②"。

这些例子足以说明，寡头议事会的权限难以界定。它是最高统治机构，是主要的"议政"③机构，就像民主制度中的公民大会一样。在寡头制国家中，其他机构，无论是公民大会还是执政官，都是在从属于元老院的状态下去行使他们的权力。

其司法职责将在下文讨论。

---

① 斯特拉波：《地理学》，14.480。

② 伊索克拉底，12.154；波利比乌斯：《通史》，6.45.5，"所有在政制中的管理者"；哈利卡纳苏斯的狄奥尼修斯，2.14，"整个元老院在公共事务的高处"。普鲁塔克：《阿格西劳斯传》，4，表现了"高位置"（κράτος）在元老院和监察官之间共享：在公元前4世纪，监察官无疑以牺牲元老院的权力为代价获得了权力。

③ 参见亚里士多德：《政治学》，6.14，1298 a 4，关于审议权要素的界定。在这里提到的一些权力，是由公民大会在一些寡头政府中正式行使的。

第四十六节　议事会的分支机构

在讨论寡头议事会的组成时,我已强调过,它通常只包括少数成员。但是,通常寡头国家还有一个规模比它小得多的委员会,委员会成员一般从议事会成员中选出,这个委员会掌握着更大的权力。它的职责是在一些建议和对策提交议事会或公民大会之前对其进行初步审议,并负责准备议案和起草提案:因此,他们有时会被称为"预议院"(πρόβουλοι)①,这个名称是亚里士多德专门用来描寡头政治中的执政官的名称。在民主政体中,这些职责一般由议事会履行,但即使在民主政体中,议事会也经常被分成若干委员会来处理时务,并控制议事会或公民大会的会议。但是,在民主制度下,每个委员会的任期很短,被尽可能赋予较少的实权。但我们可以假设,相应的寡头制委员会的任期相当长,并拥有较大的权力,以便保证达成寡头政治的秘密、效率和速度的目标。

---

① 通常认为"预议院"(πρόβουλοι)表示一个小的委员会,通常是"议事会"(βουλή)本身的一个分支。我认为这个词也模糊地适用于小型的寡头政治议事会。因此亚里士多德:《政治学》,6.14,1298 b 26 描述了"预议院"就像一个在寡头政府中对审议的责任负责的"议事机构"(αρχεῖον),安排所有问题,提交给民众(没有提到任何其他类型的"议事会");参见亚里士多德:《政治学》,6.15,1299 b 33,所有政体都必须有一个负责审议的行政单位:如果它是小的,那就是寡头政治,并且称作"预议院";如果是大型的,就属于民主政治,称为"议事会":"民主政治中的是议事会,寡头政制中的是预议院。"(这里似乎有一个大的民主协商机构和小的寡头政治协商机构的对比。)因此在亚里士多德:《政治学》,7.8,1322 a 12,"预议院"(πρόβουλοι)和"议事会"(βουλή)被描述为不同政体下的相似机构。这一术语被用作描述克尼杜斯的议事会(普鲁塔克:《希腊研究》,4)。同时,在我们所知道的"预议院"(在科林斯和雅典)的例子中,这个术语描述的是一个"议事会"类型的委员会或一个独立于它的行政机构。

古希腊寡头政治：特征与组织形式

在科林斯有一个80人的议事会（极有可能）和一个8人的委员会①，在开俄斯②和马萨利亚③有15人的机构，它们是从更大的议事会选出的。在科西拉④和埃雷特里亚⑤，铭文上提到了被称作"预议院"的行政官，虽然我们不清楚他们所履行的职责，在德尔斐⑥、麦加拉和卡尔西顿（Chalcedon）⑦，也有议事会的委员会的痕迹，它有一个专门的名号。

---

① 大马士革的尼古拉斯，《希腊历史残篇集》，3.394。这当然是不可能的。布索特：《拉开代梦人》把字母 o 读作 θ。他认为在一个"部落"（φυλή）中任命了8个"预议院成员"（πρόβουλοι），并且从另外7个"部落"（φυλαί）任命70名议员。这似乎极不可能：腐败的根源不在"宴会厅"（ὀκτάδων）中的可能性更大吗？我认为是"8个人"（可能"人们"）应该在上文的"预议院"之前，参见阿里斯托芬：《阿卡奈人》，755，"预议院的人们"）：这时我们得到了一个人数为（9×8）+8＝80的议事会，即从8个部落中各选出10名议员，每个部落各选出一个"预议院"（πρόβουλος）。

② 考厄：《选集》，496，一个"十五人团"（πεντεκαίδεκα）似乎组成了一个"议事会"（βουλή）的委员会。

③ 在马萨利亚，从600名"议事会"（τὸ συνέδριον，其实是一个公民大会，而不是议事会）中选出15人，见斯特拉波：《地理学》，4.179。

④ C.I.G.，1845. 113. 同时提到了"预议院"（πρόβουλοι）和"监护者团队"（πρόδικοι βωλᾶς）。

⑤ 见吉尔伯特：《手册》，第2卷，第67页，注释2。

⑥ 在德尔菲，铭文中经常提到两位"议员"（βουλευταὶ）和一位秘书。见见吉尔伯特：《手册》，第2卷，第38页。

⑦ 在麦加拉，"统治者"（αἰσιμνᾶται，迪滕伯格：《总集》，218），在卡尔西顿（一处麦加拉的殖民地），出现了"统治者"（αἰσιμνῶντες，C.I.G.，3794）。在后者中，人们认为他们的职责与雅典的"主席团"（πρυτάνεις）相同。因此，可以假设在这两个国家，它们最初都充当了"预议院成员"（πρόβουλοι）。

第四十七节　公民大会

在英雄王权时代,统治者虽然没有给人民大会分配明确的权力或特权,但仍会召集民众,让他们听取首领的决议,并以原始的方式表示赞同或反对①。它的这一职能,蕴含着人民权力的萌芽,后来,这一萌芽在希腊民主制度的最高权力机构公民大会中得到了发展;但在后来的贵族政体和寡头政体中,民众在大多数情况下甚至失了他们当时所能享有的这小部分权力。议事会成为政府最高权力机构,它是贵族政治的产物,把持着权力,而留给人民大会的权力就很少了。在一些寡头国家,民众仍然保留了他们集会的权利,并且集会也向那些没有政治资格的人开放②,但这种集会的权力既不独立也不重要;而在大多数寡头国家和贵族国家,公民大会没有任何地位。因为这些政体是要建立一个特权阶级,只有这个阶级才能获得政治权利,于是,出现了"政体内的人"和"政体外的人"的区别。"那些在政体内的人"组成了某种集会,它们召集会议并对提交给它的问题做出决定,但它与民主政治的公民大会大相径庭。

在征服形成的贵族政体中,只有统治者族群的成员才有资格参加公民大会,而被统治者则完全被排除在外。在少数人掌权的寡头政治中,"六百人会议成员"或"千人会议成员"是仅有的特权公

①　参照弗里曼:《比较政治学》,第 206 页,"(荷马式的公民大会)没有正式的计票办法;但我怀疑,任何正式的计票办法都是属于后期政治生活的一种改进。喊叫或击打手臂是宣布同意的最原始的方式"。

②　关于在寡头政治中允许"民众"(或其他非特权阶级)参加公民大会的问题,见亚里士多德在第 41 节第 3 个和第 5 个注释中的引用。

民。他们的人数不多,不至于无法进行讨论,因此,大会履行了通常赋予议事会的一些职能。而在这种形式的政体中,这种制度比在任何其他形式的寡头政治中都要重要。在王朝政体中,可能不会有任何公民大会性质的机构存在①。

撇开这些特殊的政府形式不谈,我们可以假设,一般的寡头政体确实包括某种公民大会②。但寡头制的特点是将议事会作为政体中负责的和有效率的机构,而只赋予公民大会最低限度的权力。它的职责仅限于对执政官或议事会向它提交的问题进行审议③;只有执政官才有发言资格,实际上,大会上也没有讨论,它只有表示赞同或反对的权力;在法律上,可能他们的反对意见根本无效。这些集会的作用是使公民了解统治者的意志和目的;它们尽可能确保政府的行动不与人民的情感发生冲突。集会还起到了宣传和登记的作用④;它是许多需要证人的重要事项的见证场所,例如收养儿子或释放奴隶⑤。最后,当国家与其他国家签订合约事项时,特别需要公民大会的同意。战争、和平和缔结条约的决定往往是在公民大会中作出的。毫无疑问,人们认为,议事会与公民大会的统一行动能够更庄严地保证国家的荣誉。即使在公民大会权力很小

① 一个"少数掌权的寡头团体"可能掌握着所有的权力。参照巴基阿代家族的统治,狄奥多鲁斯:《希腊史纲》,第7卷,残篇。

② 亚里士多德:《政治学》,3.1,1275 b 7,提到一些没有定期公民大会的国家,"这里的平民没有地位,没有公民大会,只有一些偶然的集会"。我们可以举出阿克拉加斯和梅利特(Melite)的"偶然的集会"。见斯沃博达:《希腊人民的决定》(Swoboda, *Griechische Volksbeschlüsse*),第307页。

③ 亚里士多德:《政治学》,6.14,1298 b 29,在寡头政治中,向人民提交"预议院"(πρόβουλοι)的决定,并将问题限制在提交的问题上是一个好的主意,"设置一种官职,公民们审议这种官职预先审议过的事项,这样公民也有了议事权,就不会去反对政体的规定"。这是对一种温和寡头政治的描述,在这种寡头政治中,下层阶级被允许进入公民大会;普通的寡头政治可能给予他们更少的权力。

④ 这就是它在英雄时代的作用,格罗特:《希腊史》,第2卷,第69页,"广场是一种特殊的宣传媒介,不包括其他任何责任。"

⑤ 关于领养见戈尔同(Gortyn)的铭文,10.33;关于在斯巴达解放希洛人,见修昔底德:《伯罗奔尼撒战争史》,5.34。

的国家,它一般也会被要求一起参与共同体的决策①。公民大会行 *168*
使的最重要权力是选举执政官②。但在某些情况下,他们甚至似乎
并不能自由地行使这种权力③。我们从罗马的例子就可以看出,寡
头议事会是如何干涉公民任命执政官的权利的。偶尔,在有些情
况下,议事会可以直接选举国家官员④。

　　在所有其他方面,公民大会都从属于议事会,没有主动权或行
动的独立性。在不同执政官之间或执政官与元老院之间发生分歧
的极罕见情况下,公民大会可能被要求来作出裁决⑤,但通常在提
请公民大会做出决议时,国家决策就已经确定了⑥。因此,它的一
般作用是对人们普及和宣传国家的决策,并登记国家的诸多事项。
随着议事会权力的上升,公民大会的重要性也随之下降⑦。

　　如果简单地考查一下斯巴达的阿佩拉(Apella)公民大会的权 *169*
力,我们就会对寡头政府中的公民大会可能占据的地位有一个更
好的认识。然而,我们必须记住,斯巴达不同于一般的寡头政府;
因为它一直秉承着所有斯巴达公民都享有同等特权的理念,所以,
公民大会被赋予了相当大的权力。

---

①　因此,即使在寡头政治中,法令的常规形式也应该是"出自议事会和民众"(或一
　　些相同含义的短语)。见斯沃博达:《希腊人民的决定》,第 24 页,他引用的是常
　　见形式。
②　亚里士多德:《政治学》,2.12,1274 a 15,称"必要的权力"可以给"大众"。
③　所谓寡头政治的"双选"方法,阻止了人民行使绝对选择权。它涉及议事会或执
　　政官们对公民大会选择的干涉。
④　参见亚里士多德:《雅典政制》,8.2。
⑤　参见修昔底德:《伯罗奔尼撒战争史》,1.87,斯巴达公民大会在那里决定国王和
　　监察官之间的事。
⑥　参见威尼斯公民大会权力的逐渐衰落(《不列颠百科全书》[Encyclopaedia Bri-
　　tannica],第 24 卷,第 142 页)。"人们只剩下一种虚幻的权力,即在每一位新当
　　选者当选后,以鼓掌的方式批准他。"
⑦　有许多文献强调寡头政治中公民大会较小的权力。参见亚里士多德:《政治
　　学》,2.10,1272 a 10(克里特),"所有人都要出席公民大会,但没有决定权,只
　　能通过长老和领袖的提案";普鲁塔克:《狄昂传》,53(科林斯),"用寡头政体统
　　治,民众不关心公共事务";哈利卡纳苏斯的狄奥尼修斯,7.4(库麦)。

古希腊寡头政治:特征与组织形式

在斯巴达,最初"人民"拥有"统治和权力",到后来,元老院和监察官获得了国家的最高控制权。无疑,这在很大程度上是由于政治力量的自然作用,是在不知不觉中发生的,但历史记录了斯巴达政治体制发生的真实变化,国王和元老院被赋予了撤销人民"不正当"决定的权力。普鲁塔克说,公民大会已经对修改或补充提交给他们的提案的权力产生影响,因此,国王增加了这个撤销决定的条款,以便阻止他们。但无论原本的意图如何,这样的规定都可以导致公民大会的一切权力被剥夺的结果:执政官和议事会有时可能会觉得自身足够强大,可以完全忽视民众的投票①。

170 　　在任何情况下,公民大会完全从属于元老院,只有权听取执政官和元老院的意见,而不能发表反对意见②,并且只是以原始的方式,用喊叫来表达自己的决定③。公民大会可以决定战争与和平,批准条约和其他对外政治事务;它挑选执政官,并对提交给它的其他重要议题进行表决④。在斯巴达,在公民大会上接待外国大使,这似乎已经成为一项惯例⑤。

---

① 普鲁塔克:《莱库古传》,6。格罗特和吉尔伯特认为,该条款旨在赋予执政官撤销公民大会任何决定的权力;其他人则认为,除非直接就提交的动议投票,否则公民大会不得投票。在任何情况下,修正案的目的是检查任何侵犯公民会议的行为。

② 普鲁塔克:《莱库古传》,6。"民众在露天开会,他们不能提意见,只能就国王或元老院的提案表示赞同或拒绝"。

③ 修昔底德:《伯罗奔尼撒战争史》,1.87;普鲁塔克:《莱库古传》,26。

④ 吉尔伯特:《古代希腊政治手册》,第1卷,第57页中收集了证据。

⑤ 参见修昔底德:《伯罗奔尼撒战争史》,1.67,盟国会议在"民众集会"之前举行;在1.90和6.88中,使者们在"公民大会"(ἐκκλησία)之前。这似乎与通常的寡头政治做法不符。在米洛斯,寡头们接受了雅典人的"官员和少数当权者"(修昔底德:《伯罗奔尼撒战争史》,5.84);并且克里昂控诉拉开代梦人的使者们,"他们不愿意当着民众的面商谈,而是与少数当权者私下密谈"(修昔底德:《伯罗奔尼撒战争史》,4.22)。

第四十八节　司法事务

在希腊的政治中,立法是一种很少行使的政治职能。旧的贵族制度依然使用从远古时代流传下来的传统法令(有时是不成文)。在新建立的寡头政体和民主政体中,有许多法令是立法者的杰作,他们对国家的整个制度进行了新的安排,并徒劳地希望他们所作的是终结性的工作。但是,在所有的政治体制中,无论何时,司法权都是政治活动的一个最重要的分支。

寡头政体或许比民主政体更不喜欢修改法律,改革很可能会瓦解特权,因此寡头们强调尊重法律和秩序。司法权当然是必要的:它们的法律诉讼不像民主国家那样频繁,因为在寡头政体中,执政官被赋予了较大的权力,往往能够抵消定期审判的必要性:我们可以认为,在许多政治体制下,在处以刑罚或纠正错误方面,执政官的命令经常具有即决裁判的效果。但是,对一般的寡头国家来说,工业、商业和航海所带来的各种庞杂事务,确实需要一个高效的司法系统,他们对司法组织的重视程度可能与民主国家差不多。

在不同寡头政府中,法律制度并不统一。司法权可以委托给一个执政官或执政官委员会;可以委托给议事会、专门的法官或法庭,甚至可以委托给由一些男性组成的大型陪审团法庭,而这些男性是在所有其他方面都被排除在政治体系之外的人。

从历史上看,在英雄时代,似乎没有任何专门的司法执政官:审判由国王或酋长执行,并且总是公开进行。那时还没有固定法律的概念,预先界定是非,并规定对违法行为进行惩罚。每一个案件都被认为是完全独立存在的:"厄运"被认为是神的启示[1],但只是含糊地

①　见梅因:《古代法》(Maine, *Ancient Law*),第 4 页及以下。

古希腊寡头政治:特征与组织形式

172 依照习惯和判决先例来审判,没有办法验证判决是否公平。在贵族社会中,贵族是"法律的保管者和管理者";只有他们知道权利的原则和习惯的程序规则:他们垄断了法律知识①。审判和宣判的职责传给作为国王权力继承者的执政官,或者传给作为酋长代表的议事会。可能就是在这一时期,整个特权机构的司法权出现了:执政官最基本的职能是下达命令,他可以通过刑罚来保证他的命令被执行:但各阶层的人都认为有必要对执政官的权力加以限制,当质疑他的权威时,常用的办法就是上诉至公民大会来解决。这是罗马公民大会司法权的起源,也是雅典公民司法权的基本理念,在一些寡头国家,也有类似的例子②。但这一方法并不完全符合寡头政治职责专门化的理论:寡头政治的特点是"一些阶级应该对所有的事件进行审判",而且通常将司法职责委托给比公民大会更小的机构③。

173   有些国家将所有的司法权都划分给普通行政官和议事会。斯巴达秉承英雄时代法律的传统,将其分配给国王、议事会和监察官④。而雅典最初将司法权在执政官(Archon)和战神山议事会⑤

---

① 梅因:《古代法》,第11页。

② 在叙拉古,寡头政治的整个管理机构都在进行审判("土地所有者"在那里决定诉讼事务,狄奥多鲁斯:《希腊史纲》,8.91);在洛克里·埃皮泽弗里伊(千人团决定从执政官那里上诉,波利比乌斯:《通史》,12.16)以及在马萨利亚(六百人团担任陪审员,卢锡安:*Toxar.*,24)。

③ 亚里士多德:《政治学》,6.16,1301 a 12,"第二种属于寡头政体,由某些公民组成的法庭审理一切诉讼;第三种属于贵族政体和共和政体,所有陪审官员中有的从全体公民产生,有的从某些公民中产生"。

④ 一般来说,元老院拥有刑事管辖权;监察官拥有大部分民事管辖权(参见亚里士多德:《政治学》,3.1,1275 b 9;关于其他证据,见吉尔伯特:《手册》,第1卷,第89—90页);国王保留对家庭法等某些案件的判决权(希罗多德:《历史》,6.57)。这一制度完全是原始的;斯巴达很可能没有成文法;判决是"合乎法律的"(θέμιστες)。

⑤ 关于执政官们的独立司法权,见亚里士多德:《雅典政制》,3.5。战神山议事会的管辖权是无限的,最初也许没有区分其司法和行政职能,但很明显,从最早的时候起,它就拥有广泛的司法权(参见亚里士多德:《雅典政制》,3.6;4.5;8.4)。

之间进行分配；在许多个世纪里，这样的司法权划分一直延续，甚至在后来，议事会司法权在一些国家仍然存在①。然而，人们不会一直满足于早期的原始制度。渐渐地，几乎各地的习惯法都让位于成文法②，程序规则得以公布，执政官受到法规条文的约束，不再能随意下达启示"厄运"。这种总体的发展使法律和司法科学化，其结果自然是设立专门的司法官和法庭。即使在落后和半野蛮的国家，我们也能找到一个复杂的司法组织。在其著作关于法律和法院的章节中，亚里士多德总是假定，这种机构在寡头国家和贵族国家以及民主国家中都以某种形式出现③，而且斯巴达很可能是唯一一个没有发展出专门司法机构的希腊文明国家。

174

我们没有足够的证据探寻出公诉和私人诉讼程序上的差异：但是，私人诉讼很有可能往往由一名法官或一个小法庭来处理，而涉及损害国家利益的公诉则由能代表整个共同体的某个机构来处理，即由议事会或公民大会来处理④。这也是对后来议事会保留了司法权的一种解释。我们还可以看到，在一些寡头国家中，的确存在着专门的大法庭。当然，除了民主国家外，很少有大型的公民陪审团法庭：它们反对寡头政治特权政府的观念。它们把权力交给多数人，而不是少数人：它们需要演说和情绪渲染，并进行不相干

---

① 我们在忒拜找到了"议事会"（βουλή）正在审理一起谋杀案（色诺芬：《希腊史》，7.3.5—6）的例子。这是在民主政治的时代，但议事会的权力无疑存在着。在科林斯，"议事会"（βουλή）和"长老议事会"（συνέδριον）参加了对提摩列昂（Timoleon）的审判（如果这是一个司法程序的话），见狄奥多鲁斯：《希腊史纲》，16.65。
② 人们怀疑斯巴达是否有过任何"口头法律"（ῥήτραι）以外的成文法。
③ 亚里士多德：《政治学》，6.14，1298 a 3，"诉讼"（τὸ δικάζον）作为一个独立的元素存在于所有的宪法中。参见《政治学》，6.8，1294 a 37；6.13，1297 a 21，这两者都假设在寡头政治中存在"陪审员"（δικασταί）。对迦太基宪法的描述，见《政治学》，2.11，1273 a 19，它明显被定义为贵族政制，"由这些官员受理所有的诉讼，而不是像拉开代梦人那样由一些官员受理一些诉讼，另一些官员受理另外的诉讼"。这就指向了特别法律裁判官的制度。
④ 因此，雅典的执政官们（根据后来他们的能力来判断）关心的是私法；战神山议事会就像斯巴达的元老院和忒拜的议事会一样，拥有公共审判权。

175　的争论。因此，无论是寡头制对情绪的控制，还是小规模的法庭制度，都自然会带来一种结果，那就是，在寡头制度下，审判中的演说者应该紧紧围绕这案件本身展开演说，而不能影响到法官的情绪①。在雅典的两次寡头革命中，最早的行为之一就是中止公民陪审法庭②。

　　然而，在一些寡头国家，我们发现了大法庭的痕迹，甚至也发现了从在其他方面被排除在一切政治特权之外的阶级中任命陪审员的痕迹。因此，我们的证据显示，在开俄斯，当岛处于寡头统治之下时③，有一个300人的法庭。而在其他国家，例如本都的赫拉克利亚，陪审团由不在公民名册上的人组成，这就给了演说家们一个机会，使他们有机会进行煽动性的演说，最终导致了寡头统治的覆灭④。

176　　　有三篇重要的铭文流传了下来，它们提到了不同寡头国家私人诉讼的程序。这些证据表明，即使在落后的国家，也普遍存在着复杂的司法事务组织，同时也证明了，希腊人发展起来的卓越司法机构并不局限于民主国家。

　　在戈尔同的铭文中，我们可以了解到关于家庭关系、财产继承

---

① 亚里士多德：《修辞学》，1.1，1354 a 17，"如果审判都像在法治优良的城邦那样进行，那些人就无话可说了。……就像在战神山上的审判一样，在这点上他们是正确的"。参照普鲁塔克：*de virt. mart.*，12，"那些演说者们在贵族政体中就不会被允许"。

② 在公元前411年，第一步是赋予将领以掌控生死的权力（亚里士多德：《雅典政制》，29.5）。我们不知道在寡头统治下，司法权应该交给谁。它可能（与"审查者"一起）包含在"议事会"（βουλή）的一般行政权力中（亚里士多德：《雅典政制》，31.1）。三十寡头"取消陪审员的权力"（亚里士多德：《雅典政制》，35.2）。审判是在"议事会"（βουλή）进行的，共有500人参加了公开投票，三十寡头在场，但他们根据自己的命令，未经审判就处死了许多人（吕西阿斯：《演说辞》，13.35）。

③ 罗伯茨：《铭文学》，149.22。铭文指的是公元前5世纪的情况。有一个寡头统治下如此庞大的法院，其原因可能在于它与雅典的联盟，正如"标志下的正义"可能需要一些这样的机构，这些机构可能已经普遍运行。

④ 亚里士多德：《政治学》，8.6，1305 b 34。

和奴隶制的法律。涉及这些问题的所有纠纷，都由一名法官做出裁决：尽管大部分法律内容是原始的，但该制度在某些方面显示出相对较高的发展水平①。

还有一个东洛克里斯人所作的关于瑙帕克图斯（Naupactus）殖民地的铭文，它的日期通常被认定为公元前 5 世纪中叶左右，该铭文显示了主审法官与法官的职责分离：主审法官接受诉讼并准许审判，法官通过投票来裁决②。

在西洛克里斯人（Western Locrians）的半野蛮国家中，还出现了更为复杂的司法体系。在奥埃安塞阿（Oeanthea）和卡莱伊昂（Chaleion）之间签订的条约残片上，给出了不同共同体成员之间的诉讼的例子，并规定了他们之间进行诉讼的条件③。在这里，我们得知了国内法庭④与我们今天应该称为"国际"法庭之间的区别。在后一种法庭中，有不同种类的法官⑤，主审法官选择陪审员，以宣誓的方式进行裁决。

这些事例不是来自希腊中部和爱琴海的高度文明的商业国家，而是来自北方和克里特岛的落后部落，它们向我们表明，寡头国家并没有忽视司法机构适当的组织，我们可以合理地得出结论，在埃吉那、麦加拉和科林斯等伟大的商业城邦，它们的法律制度发展到

————————

①　关于这点，见齐特尔曼：《戈尔同的权利》（Zitelmann, *Das Recht von Gortyn*），第 67 页及以下，以及海德拉姆（Headlam）的作品（《希腊研究》[*Journal of Hellenic Studies*]，8.1，第 48—69 页）。

②　见罗伯茨：《铭文学》，231.1.41，罗伯茨先生所说的"去做陪审员"等于准许听证。我要对比"审判"（*iudicium dare*），并翻译为"准予审判"（法庭的）；《铭文学》，231.1.45。品达：《奥林匹亚颂》，9.15，赞扬作品中的"优良法制"（εὐνομία）和"正义的法律"（θέμις），这种赞扬也许不仅仅是习惯的。

③　"标志下的正义"，参见罗伯茨：《铭文学》，232.1.35。

④　罗伯茨：《铭文学》，232.1.7，"在人民中的正义"。

⑤　罗伯茨：《铭文学》，232.1.10，"审判者"（等于"仲裁者"[*recuperatores*]）以及"发过誓的人们"在一个事件中采取行动；而"为民众工作的人们"和"发过誓的人们"在另一个事件。

了与雅典等伟大的商业民主国家一样高的完善程度①。

---

① 必须有法院来解决这些城市的公民和其他国家的公民之间的争端。这也许可以解释品达对埃吉纳和科林斯等国尊重法律和正义的盛赞。参见品达:《奥林匹亚颂》,13.6;《皮提亚颂》,8.1;《奥林匹亚颂》,8.21。

第四十九节　部落的划分

在结束了对政府权力的讨论之后,我开始考虑寡头政治中的部落和阶级划分问题。在前一章中,我讨论了部落组织的逐步瓦解,并讨论了以区域、政治划分取代以出身和宗教为基础的旧部落的问题。我已指出,只有在实现了这一点,才有可能建立贵族制以外的其他的政府。但是,在贵族统治存在的地方,在出身意味着特权的地方,有必要保持部落、胞族和家族的旧有划分,它们不受破坏、不受挑战。奇怪的是,在斯巴达,几乎没有任何直接证据证明那里存在着多利亚人的部落①,但我们却相信那里确实存在部落,而且我们还听说有 27 个胞族②。

多利亚人部落在许多其他国家完成了人口的分化:在一些国家,他们失去了自己的专属特权,而建立了其他能享有同等权力的部落:在其他国家,也许他们失去了所有政治上的重要性,但极少数人可能仍然保留了旧多利亚人的传统特权③。

部落划分总是指向已形成了城市的较小群体,通常与某些贵族

178

---

① 最重要的证据在品达:《皮提亚颂》,1.62,"帕姆弗劳斯和西拉克莱伊达的子女"(作为对斯巴达人的描述)。似乎最有可能的是,多利人的部落出现在多利亚人移民之前,正如在许多多利亚人殖民地发现的那样,自然推断他们存在于斯巴达。

② 雅典娜埃乌斯,4.141 E, F,斯科皮西斯的德米特里乌斯(Demetrius of Skepsis)。

③ 有一处对在埃皮达道鲁斯(Epidauros)的"部落"(φυλαί)的引用(威拉莫维茨·莫伦多夫:《伊苏洛斯》(Wilamowitz-Mollendorff, Isyllos),第 9 页;他把它们与多利亚人部落和胡尔纳塞伊[Hyrnathii]部落联系起来)。来自锡拉的一则铭文中提到了"胡莱伊斯"。多利亚人部落可以追溯到科斯岛(见吉尔伯特:《手册》,第 2 卷,第 174 页,注释 1);阿克拉加斯(考厄:《选集》,199)。

179 家族在这一区域的影响力有关。贵族的理想是,他和他的氏族应该是领地内绝对的统治者,无论这个领地有多小。因此,有些国家的发展从未超越部落阶段①,而在其他国家,联盟和中央集权的趋势总是受到抵制。地方分权始终是确立贵族家族至高无上地位的手段,也是防止或瓦解民主的手段。

有些国家虽然是通过合并而形成的,但仍保留了地方上的分化,这就阻碍了联邦的完成②,有些地区虽然具有共同的族群认同,形成了松散的联邦联盟,但却允许其境内的各个城镇绝对独立③。我们可以把它看作是(贵族或)寡头政策一个惯常的原则,即把较大的国家分解为其若干组成部分,从而重建权势人物的影响力,而民主制的支持者则认为,将小的共同体的联合纳入一个强大的政府之下,是抵消这种影响的唯一手段,也是打造平民政府的手段。这些倾向可能出现在更大的范围内,我们据此就可以理解斯巴达一直(虽然是虚伪的④)主张的对希腊产生了灾难性影响的自治原则⑤;理解它对联盟的敌意,不论是同族联盟⑥还是不同族群的联 *180* 盟⑦;理解它把城市分解成村落社区的政策,而这些城市最初本就是由村落社区组合而成的。

---

① 修昔底德:《伯罗奔尼撒战争史》,1.5。

② 虽然斯巴达成为一个联邦国家,但它保留了早期制度的痕迹,斯巴达平原的五个村庄从未合并成一个城市(修昔底德:《伯罗奔尼撒战争史》,1.10)。它们以划分的五个地方部落作为政体的基础。(有关证据见吉尔伯特:《手册》,第 1 卷,第 44—45 页。他把它们与"奥巴"[ὠβαί]相联系。)

③ 这是色萨利和奥佐里亚·洛克里斯的情况(见罗伯茨:《铭文学》,232,奥安塞阿[Oeanthea]与查莱昂[Chaleion]之间的协议),以及在波奥提亚的长期情况。

④ 如果我们考虑斯巴达对伯罗奔尼撒诸国的控制,以及它为了寡头政治的利益不断对它们进行干涉,我们就会意识到它的自命不凡。

⑤ 它假装渴望恢复自治,这是它参加伯罗奔尼撒战争的最大借口。这一原则在与阿尔戈斯的两项条约中都有阐述(修昔底德:《伯罗奔尼撒战争史》,5.77.5;79.1);它是在安塔尔西达斯和约与留克特拉战役之前提出的。

⑥ 如在波奥提亚。

⑦ 就像雅典和奥林苏斯同盟一样。

曼提尼亚(Mantinea)的命运是说明寡头政治和地方分权之间有密切关系的例证。原来在民主政府统治之下时①,曼提尼亚是一个统一国家,但在公元前385年,它分裂成五个村落,并实行寡头政治②。公元前370年,它实现国家统一,民主制恢复。在公元前4世纪之前,阿卡迪亚(Arcadia)作为一个整体,几乎没有脱离村落社区的阶段,而麦加洛波利斯(Megalopolis)的建立就是为了结束这种不统一和分散的状态③。埃利斯,直到一个相对较晚的时期,仍然由一些小社区组成,由贵族统治,拥有复杂的部落组织④;但在它们联合成一个国家后,民主制度就建立起来了。

雅典三十僭主的历史是这种寡头统治原则一个更好的例证。他们试图通过分散人口及将萨拉米斯(Salamis)和埃琉西斯(Eleusis)据为己有来瓦解这个国家。我们第一次在亚里士多德的论述中也了解到,斯巴达人是如何直接以瓦解雅典国家为目的的,作为和平协议条款之一,他们试图将埃琉西斯建立成一个绝对独立于雅典之外的自治共同体⑤。

---

① 修昔底德:《伯罗奔尼撒战争史》,5.29。
② 色诺芬:《希腊史》,5.2.7,将政体描述为"贵族政制",可能是"寡头统治"的意思。长期的民主体制肯定已经破坏了贵族的权力,他说"有财产的执政官们"控制了政府。
③ 关于斯巴达的尝试,"移居麦加洛波利斯",参见德摩斯提尼:《演说辞》,16.30。
④ 见考厄:《选集》,253。
⑤ 亚里士多德:《雅典政制》,39。埃琉西斯的定居者有"自主权力和自己的政府",成为斯巴达联盟的独立贡献者,在任何方面都不受雅典人的控制。

第五十节　贵族政体和寡头政体中等级的划分

在旧的贵族制中，特权阶层和非特权阶层之间有一条明显的界线；而这种界线和区分在征服建立起来的贵族制中最明显。在希腊独立时期，其中许多贵族制一直保持着最严格的阶级区分，事实上，这些阶级区分几乎和种姓一样绝对固化。胜利者是统治者，被征服者是臣民。一般来说，他们分为三个等级，即统治族群（其成员自身往往分为贵族和平民①）、奴隶阶级、在政治上属于附属阶层自由人的中间阶级②。这样的阶级划分几乎可以在所有征服贵族制中找到，在多利亚人的几个殖民地中也可以找到，毫无疑问，在这些殖民地中，前居住者的人口已经减少了。

奴隶是附着在土地上的一种劳动者③，他们把大部分收获交给主人，但自己却可以获得私有财产④。在雇用他们的各国，几乎找不到买来的奴隶⑤。

---

① 见上文第 32 节。迈耶：《古代历史》，第 2 卷，第 272 页，对这些阶级的起源提出了疑问："古人在征服中寻找他们的起源：这不是传统，而是推论：庇里阿西人（Perioeci）和希洛人（Helots），如果不是来自世系的话，至少在情感上不是阿开亚人而是多利亚人。奴隶制的起源可能是多种多样的，而且被遗忘了。"这最后一句话无疑是正确的，但似乎没有足够的理由拒绝一般的传统。

② 柏拉图：《共和国》，8.547，泛指"居住在附近的家人"。

③ 参见雅典娜埃乌斯，6.264 A，关于穷人（penestae）。关于在本都的赫拉克利亚的马里安迪尼（Mariandyni），见雅典娜埃乌斯，6.263 D。关于希洛人，见斯特拉波：《地理学》，8.365；普鲁塔克：《拉开代梦政制》，41。

④ 参见雅典娜埃乌斯，6.264 B。克里特的Ἀφαμιῶται（戈尔同的Ϝοικέες）可能拥有财产。齐特尔曼：《戈尔同的权利》，第 64 页。关于希洛人的财产，见普鲁塔克：《克列奥米尼斯传》，23。

⑤ 斯巴达人几乎没有购买奴隶的迹象，但庇里阿西人可能在他们的工业中使用过奴隶。克里特岛的"金矿奴隶"（χρυσώνητοι）和雅典的奴隶是不同的，见（转下页）

在希腊似乎没有一个共同的称谓来描述他们,但他们在其他国 *182*
家的地位似乎与斯巴达的希洛人非常相似①。他们通常受到统治
阶级的严酷对待,在许多情况下,他们永远心怀不满,随时准备
叛乱②。

希腊作家常常用他们在拉开代梦中的名字来描述中间阶层 *183*
(περίοικοι)③。他们不像奴隶那样普遍存在于多利亚人诸国。伊索

(接上页)雅典娜埃乌斯,6.263 E;他们可能与戈尔同铭文中的"奴隶"(δοῦλοι)
相同,并与该国被称为"城邦的仆人"的奴隶类似。

① 希洛人通常被视为一种类型,其他奴隶往往被拿来与之相比较。参见波鲁克
斯:《辞典》(Pollux, Onomasticon),3.83。这种奴隶可以在色萨利找到("奴隶"
[πενέσται]),在伯罗奔尼撒,除了斯巴达和阿尔戈斯的大部分多利亚国家也有
("轻装者"[γυμνῆτες]),埃皮道鲁斯("仆人"[κονίποδες]),西库昂("奴隶卫兵"
[κατωνακοφόροι]或"持铁头棒的卫兵"[κορυνηφόροι]),科林斯(可能是"卑鄙
者"[κυνόφαλοι]占据了这个位置)。这些国家的奴隶很可能是希腊人。在特拉
契斯(Trachis)的赫拉克利亚的多利亚人殖民地("桨手奴隶"[Κυλικρᾶνες]),本
都的赫拉克利亚("计量奴隶"[Μαριανδυνοί]),拜占庭("奴隶"[προύνικοι]),克
里特("奴隶"和"没有名声的人"[μνῷται和ἀφαμιῶται]),叙拉古("好的所有物"
[καλλικύριοι]),他们可能是蛮族人。关于雅典建立奴隶制的尝试,见上文第 25
节第 9 个注释。关于这个问题通常见吉尔伯特:《手册》,第 2 卷,第 292—293
页,赫尔曼:《国家古物教科书》,第 126—128 页。

② 参见亚里士多德:《政治学》,3.9,1269 a 36,希洛人和庇里阿西人"心怀不满,
等待主人的不幸"。

③ 希罗多德:《历史》,8.73 使用阿尔戈斯的Ὀρνεᾶται一词;在雅典娜埃乌斯,6.263
F,索西科拉特斯(Sosicrates)说"那些克里特的优秀的人……居住在附近的臣
民"。另一方面,词语"居住在附近的人"(περίοικοι)并不是一直使用。赫希修
斯(Hesychius)使用它来定义"没有名声的人"(ἀφαμιῶται),并且亚里士多德
(《政治学》,2.10)三次用它表示克里特的奴隶。(我应该在注释 6 中指出,克里
特奴隶有许多不同术语的痕迹,"没有名声的人"[ἀφαμιῶται]、"奴隶"
[μνῷται]、"被束缚在土地上的奴隶"[κλαρῶται]、"定居者"[οἰκέες]以及"居住
在附近的人"[περίοικοι]。在克里特岛的不同城镇,人们似乎用不同的称谓来
形容他们。)他们在国家中的地位,使"受统治者"(ὑπήκοοι)成为该阶级的一个
恰当的概括描述。修昔底德经常用这个词来形容色萨利人的臣民(《伯罗奔尼
撒战争史》,2.101;4.78;参照色诺芬:《希腊史》,6.1.9)。吉尔伯特:《手册》,第
2 卷,第 16 页,注释 1,在没有充分证据的情况下假设色萨利的主要阶层具有
"同盟者"(σύμμαχοι)的头衔。

克拉底解释说，虽然多利亚入侵者将被征服民族排除在权力和官职之外，但大都允许部分被征服者与他们一起居住。而拉开代梦人却剥夺了他们最好的土地，将他们遣散，安置在小城镇中，让他们绝对臣服于自己。①在其他多利亚人城镇，部分被征服的人口有时会组成独立于三个多利亚部落之外的部落，尽管他们起初并不被接纳为公民。在色萨利和阿尔戈斯就有一个类似于庇里阿西人（Perioeci）的阶层。

184 　　我在上文中已经假设过，像希洛人一样的庇里阿西人最初应该是被多利亚入侵者征服的族群。很难解释这两类人地位的不同。一些作家用族群的差异来解释最初的条件差异，但盖然性平衡在总体上不支持这种假设，尽管毫无疑问，随着时间的推移，希洛人和庇里阿西人都包括不止一个族群的人②。

　　有人认为，希洛人是在多利亚人入侵前占领伯罗奔尼撒半岛的"阿开亚人"的奴隶，而庇里阿西人是被征服的"阿开亚人"，但这种说法缺乏证据。另一些人则认为，希洛人是被多利亚人征服的民族，而庇里阿西人本身也是多利亚人：在多利亚人的入侵中，入侵者被分为贵族（后来成为"斯巴达人"［Spartiates］）和平民，平民则成为庇里阿西人③。许多古代作家认为庇里阿西人是多利亚人；他们与斯巴达公民一起被统称为"拉开代梦人"，也没有形成宗教差异④。但他们更有可能是阿开亚人，有事实支持这一点，在斯巴达

---

① 伊索克拉底：《演说辞》，12.177—8。现在还不清楚伊索克拉底是否把庇里阿西人视为被征服的人群；但我认为他是这样认为的，他提到他们是"土地的合法拥有者"（在多利亚人入侵之前）。

② 许多多利亚人在征服美塞尼亚之后一定是沦为了希洛人。

③ 格罗特：《希腊史》，第2卷，第371页（他说："庇里阿西人的城镇可能完全由多利亚人组成，也可能由多利亚人与先前存在的居民以或多或少的比例合并而成"）提到了希罗多德：《历史》，8.73和1.145。

④ 不可能从宗教中得出任何结论。见维德：《拉科尼亚人的崇拜》（S. Wide, Lakonische Kulte），第387—388页，"多利安和前多利安宗教无法区分。多利亚人可能从年长的居民那里接管了他们的大部分宗教崇拜。"

人和庇里阿西人中都有贵族家庭①；最重要的是，斯巴达政治构成
也证明是这样的。正如我已经指出的那样，斯巴达人被视为构成
了整个公民社会，并且在平等和民主的基础上组织起来②，庇里阿
西人被完全排除在外。如果不是把庇里阿西人视为另一个族群的
臣民，这种想法就不会如此顽固。如果假设斯巴达人包括所有的
原始入侵者，我们只能认为庇里阿西人在归附时得到了比希洛人
更有利的条件③。

185

同样，在色萨利，佩内斯塔（Penestae）是被色萨利征服者占领
地区的居民，而在色萨利边远地区的佩莱西亚人、马格奈斯泰人和
阿开奥斯人则被给予了较好的条件，他们比拉开代梦人中的庇里
阿西人的臣服条件更低，保留了自己的部落名称，仍然是德尔菲近
邻同盟（Delphian Amphictyony）的成员④。

基于出身的各个不同阶级的存在，通常带来职业的多样性，从
而引起了劳动分工。因此，在拉开代梦人中，农业交给希洛人，而
商业和手工业则留给庇里阿西人，统治阶级负责作战和政府统治。
但贵族通常比这更进一步：他们不仅蔑视商业和手工业，而且若从
事其中任何一项工作都会被完全剥夺公民资格⑤。

186

具体来说，在斯巴达，完全禁止公民从事类似的普通事务⑥；在

---

① 这个推论是可疑的：关于斯巴达人，见第 32 节第 7 个注释；色诺芬：《希腊史》，
　　5.3.9，说到了"附近居住的又好又高贵的人"。
② 见前文第 3 节第 15 个注释，并特别参照伊索克拉底：《演说辞》，12.178，他提到
　　斯巴达人的"优良政体"[ἰσονομία]和"民主政体"[δημοκρατία]。伊索克拉底
　　（12.255）认为最初的斯巴达人入侵者数量不超过 2 000。
③ 海德拉姆先生巧妙地指出，地位的差异源于职业的不同，居住在城镇的是庇里
　　阿西人，居住在乡村的是希洛人。然而，这种区别是如此之早，以至于我们没有
　　数据来决定这种地位的差异是因果关系。
④ 见格罗特：《希腊史》，第 2 卷，第 279 页。
⑤ 我已经在前文第 12 节第 3 个注释讨论了这个问题的一般方面。
⑥ 埃里安努斯：《悠久的历史》（Aelianus, Varia Historia），6.6。普鲁塔克：《来库
　　古传》，4。我们可以与斯巴达和克里特岛盛行的排斥外国人（ξενηλασίαι）的做
　　法作一下比较，因为这种做法具有同样的排外精神。

忒拜,亚里士多德说,一个人必须"远离市场 10 年"才有资格成为公民①。在特斯皮埃,即使从事农业也被认为是不光彩的事②。

在色萨利,有一个"自由人的集会",农民和商人被排除在外③,而在埃皮达姆努斯,作为一个与西部希腊的蛮族人进行商业贸易的重要殖民地,它的手工业由国家奴隶从事④,公民不得从事商业,公共治安则交给外国人⑤。

寡头政治的特权是以财富为基础的,而财富主要来自商业,自然不能打击和损害商人。在这一点上,他们与贵族政体有根本的不同,但他们从贵族政体那里继承了对被排斥在政府之外的阶级的蔑视,而科林斯是最不轻视手工业的国家⑥。

---

① 亚里士多德:《政治学》,3.5,1278 a 26;参照 7.7,1321 a 28。
② 本都的赫拉克勒德斯,《希腊历史残篇集》。
③ 亚里士多德:《政治学》,4.12,1331 a 32。
④ 亚里士多德:《政治学》,2.7,1267 b 17。
⑤ 普鲁塔克:《希腊研究》,29。
⑥ 希罗多德:《历史》,2.167(在讨论了希腊人的普遍态度之后),"在科林斯,手艺是最不受蔑视的"。

第五十一节　结语

　　上述内容便是我对贵族和寡头政治组织的研究。在这两种政体中，我们可以注意到同样原则：它们都相信民众没有智慧，相信将特权限制在少数人身上的正义性和必要性，并且要让这些少数人成为统治者，统治被排除在公民的其他人。两者都有相同的政府组建计划，即在僭主的独立统治和一个大的公民大会统治之间建立一个议事会，由少数能干的人协同行动，来指导国家的政策。在这两种国家中，行政官都有相当大的独立权力；职能专业化的理论得以实现，统治者们失去了控制，普遍不负责任。在整个政体中，"有些人"是合格的，"大多数人"是不合格的；法院和议事会都由享有特权的少数人组成。

　　但是以出身为基础的贵族政体和基于财富的寡头政体，两者之间的差异也非常多。贵族政体的终点是战争的胜利；寡头政体的则是财富：前者（至少在克里特和斯巴达）在军事训练和军事演习中度过了一生，后者在商业和工业中度过了一生，而后者的这些事，在贵族政体中要么被禁止，要么被看作是十分耻辱的。斯巴达和克里特的共同制度导致了人们生活的统一性，都要求人们禁欲；富有的寡头们以奢侈和铺张浪费著称。贵族依赖于维持固定的法令和习俗：他们保守、行动缓慢、谨慎。寡头们锐意进取，渴望在争夺财富和荣誉的斗争中永远不会被取代。

　　以出身为基础的贵族政体出现于文明落后的国家。撇开克里特和斯巴达不谈，贵族政体主要存在于希腊北部的半野蛮国家。如果它们受到了文明进步的影响，它们的政体就必然不可避免的进步，而这种进步在其他地方产生了寡头政体或民主政体。甚至

古希腊寡头政治:特征与组织形式

斯巴达也不能被视为一个完全文明的国家:在许多方面,斯巴达人更像是一群野蛮的战士,而不是希腊城市的公民。斯巴达制度是一个坚持社会一致性的例子,尤其是当它与狭隘的军事理想相结合时,必然会导致毁灭性的代价。想象普通的斯巴达人是什么样子,将会需要强大的想象力,但普鲁塔克所说的"他一年四季只穿一件衬衫,身体很脏,大部分时间不洗衣服",是对这个民族无限赞颂强有力的纠正。

189　　从幼年的时候,斯巴达的个人就完全为国家牺牲。斯巴达的教育使他所有的能力都受到了削弱,只为战争做好准备;结果斯巴达只培养了不到 10 个在战争艺术以外的其他方面都很杰出的人。亚里士多德说,"他们的整个法律体系只针对美德的一部分,即军事方面的勇气。所以当他们打仗的时候,他们得到了救赎,但是当他们统治的时候,他们被毁灭,因为他们不知道如何悠闲地生活,也从来没有实践过比战争艺术更为至高无上的艺术"。在亚里士多德的控诉中,没有比"他们不知道如何悠闲"更真实或更具谴责性的了。所有构成希腊人荣耀的东西在斯巴达人身上都是完全缺乏的:那里没有斯巴达文学的痕迹,如果有人从事艺术工作,他就会被剥夺公民的权利。

最后,斯巴达人甚至没有自己的理想。帝国是他们民族生命的终极目标:他们通过给被压迫者带来虚假自由的承诺,以及牺牲希腊人的利益给蛮族人而获得帝国。他们以残暴的暴政和破坏正义的手段维持帝国;当另一个民族崛起,在军事上取得卓越地位时,他们失去了帝国。最后,斯巴达人的财富所依赖的制度本身也变得腐朽和衰败:它旨在废除私人财富,使公民不屈服于金钱。但成功地使国家陷入贫困,使公民贪图钱财,并最终剥夺了除 100 人以外所有人的特许权,财富集中在了这 100 人的手中。

190　　斯巴达人在他们势头最盛的时候是严厉的士兵;他们对臣民以如此具有压迫性的方式进行统治,以至于他们总是受到强烈的憎恨。他们在私生活中没有受到希腊文化的影响,生活在一个大兵营里:政治上纪律严明、服从、谨慎、愚蠢且保守。

　　基于寡头政体与斯巴达式的贵族政体有着不同的优点和缺点。它的特点更常见:它是希腊式的,而不是蛮族的;它的兴趣是多样的;文学和艺术受人们追捧,公民不会因此失去公民资格。

　　寡头政府理想本身是好的:一个小型议事会与执政官紧密配合,使他们彼此协调一致,并命令臣民自愿效忠,形成了可以想象到的最强有力和最有效的政体之一。这就是罗马伟大的原因,这也是威尼斯荣耀的基础。但是一个寡头政体的政府要想成功,必须建立在被排斥阶级的满意服从的基础上;政府的基础越窄,这个条件就越重要。

　　参考希腊文学对寡头们的情感判断,希腊寡头们很少接近这种理想。温和的寡头政体变得越来越极端,至少在公元前4世纪,每一个证据都表明,普通的寡头政体是狭隘和具有压迫性的。它们是阶级政府,是一种特别可恶的政府。基于出身的政府,虽然可能经常被证明是邪恶和残暴的,但也常常受到荣誉感和传统美德的影响。但是,一个建立在财富基础上的阶级政府,财富是公民的目标和特权的标准,往往会变成一个野蛮的政府,以不公正的严厉对待其臣民,为了少数人而剥削多数人,并尽一切可能滥用绝对权力。

　　最糟糕的民主政体是一种邪恶的僭主政体:但正如希腊作家们(他们中的大多数人在雅典写作时,把堕落的雅典民众的所有缺点都摆在眼前)敏锐地意识到民主的邪恶特点一样,他们对寡头政治的谴责也更为严厉。亚里士多德说:"有过多的权力和财富之人,其朋友们既不希望也不知道如何受到统治"。"少数人进行统治,卑鄙的人代替最优秀的人,因为民主是政府的最低基础。"贪污、背叛和扩张是寡头的三大恶习:在可怕的内讧引起的战争中,希腊国家在任何时候都参与其中,历史学家毫不犹豫地将责任归咎于寡头。亚里士多德说,寡头政体统治着一个奴隶和僭主并存的城市;柏拉图说,寡头政体使一个城市变成两个城市,总是互相打仗;寡头政体的誓言——"我会对人民心怀不轨，尽我所能去策划恶行"——是一个用各种手段发动无情战争的宣言，在这场战争中，和平与停战是不可能的。"内乱"（Στάσις）是希腊城邦的祸根，是对社会契约的颠覆；毫无疑问，我们要想指责它，就必须把内乱归于他们对权力的自私贪婪和对国家利益的牺牲，而这正是寡头政体的特点。

附录 C 雅典的寡头革命:临时
政体和计划中的政体①

192

若要研究寡头政府的理论和实践,我们没有比雅典四百寡头的短暂统治和他们制定的永久性政体更有趣和重要的材料了。我们对革命和革命政府的认识几乎完全建立在修昔底德和亚里士多德的描述基础上②:他们的记载并不总是一致,而修昔底德作为那个时代的人,更可能对阴谋的内部运作以及对于道听途说的事情有更深入的了解,亚里士多德还使用了修昔底德之外的后来的历史学家作品,他可能利用了古代的文献证据,更准确地引用了法律和法令的条文③。在某些情况下,这两种权威资料是相辅相成的,

193

但必须承认,它们之间的分歧并不总是能够调和。如果我们考虑到革命的情况、政府的短暂任期和所提建议的部分实现,这种分歧就不那么奇怪了。这些事实也将有助于解释有关五千人会议这个机构的不确定性,五千人会议在寡头们的事业中发挥了如此大的作用,但从来没有加入其政府。此外,亚里士多德给了我们一个修昔底德完全忽略了的、计划中而没有实现的政体的草图。作为寡头政治理论的一个例证,这个计划比四百人组成的临时政府更为

---

① 以下附录的长度,部分是由于主题的重要性,部分是由于主题的不确定性。亚里士多德给我们的新信息还没有被纳入书中,因此我仔细研究了亚里士多德的叙述,并将其与修昔底德进行了比较。我已经从冯·威拉莫维茨·莫伦多夫(von Wilamowitz-Möllendorff)教授的《亚里士多德与雅典》(*Aristoteles und Athen*)第 2 卷第 4 章中得到了很多帮助,尤其是他对政体的讨论。

② 在附录中讨论了吕西阿斯第 20 篇演说辞中的关注。修昔底德的引文来自第 8 卷,亚里士多德的引文来自《雅典政制》。

③ 关于亚里士多德的材料,见吉尔伯特:《手册》,第 1 卷,第 xxxi 页。

重要，毕竟，临时政府比有组织的恐怖统治好不了多少。

　　研究促使雅典人接受政体变革的动机，与我的研究目的无关。然而，在其中一个动机中，寡头们在其中扮演了重要角色。革命是以立法的形式进行的，它在温和民主的伪装下建立了一个紧密的寡头政体①，它公开地基于重装步兵的人口普查（许多政治思想家的理想②），它借口要回归"祖先的"政体③。雅典人陷入不幸的痛苦和失望，他们也许会怀着感伤回望梭伦和克里斯提尼的时代，羡慕他们那个时代或他们以前存在过的平衡一些的政体。④这种装腔作势虽然空洞，却得到了一些人的支持，这样的政体在战争结束之前只是一种临时的权宜之计⑤，而当战争结束时，旧的民主大概就要恢复了。

　　政府更迭的机制可以简单地加以考虑。直到公元前 6 世纪末，改革的工作通常委托给一名立法者；在公元前 4 世纪，正常的立法过程需要公民大会、议事会和一个大法院的同意；没有证据表明这种做法在公元前 5 世纪盛行⑥，据我们所知，至少在伯罗奔尼撒战争时期，立法委员会进行了重要的改革⑦。公元前 411 年，革命的正式方案交给

---

①　见下文关于五千人的讨论，并参照亚里士多德：《雅典政制》，29.3。

②　见上文第 37 节第 8 个注释。

③　见上文第 20 节第 12，13 个注释。值得一提的是，萨摩斯的民主派声称他们实际上是在维护"祖先之法"（修昔底德：《伯罗奔尼撒战争史》，76.6），反对寡头派。同样的伪装也出现在三十寡头的政体中。（色诺芬：《希腊史》，2.3.2；亚里士多德：《雅典政制》，34.3）。

④　关于梭伦和克里斯提尼，见亚里士多德：《雅典政制》，20.3。特许权的限制比梭伦更进一步，在这一点上，正如在其他方面一样，寡头政治的宪法与亚里士多德在《雅典政制》第 4 章中归于德拉古的宪法有许多相似之处。

⑤　亚里士多德：《雅典政制》，29.5，"除战争外"。修昔底德含糊其词地提出了同样的观点（53.3），"雅典的生命危在旦夕，政体可以修改。"

⑥　见吉尔伯特：《手册》，第 1 卷，第 336 页的注释。吕西阿斯：《演说辞》，30.28 是一个可能的推论，在公元前 5 世纪也采用了公元前 6 世纪的程序，像地米斯托克利和伯里克利这样的人被赋予了修改的权力。

⑦　本文讨论了公元前 411 年的程序。关于推翻被任命的四百"立法者"（修昔底德：《伯罗奔尼撒战争史》，97.1）。没有理由将他们与公元前 4 世纪的委（转下页）

一个由 30 人组成的委员会负责①；在他们提出的初步方案得到通过之后，又选出了 100 人来修改政体②。30 位委员的第一项提案确保　195
了对任何提议修改政体之人的豁免权③。这可能不仅需要暂停"记录违法行为"这一防止革命的有效措施，而且需要暂停所有旨在保护民主的特殊法律和程序④。尽管修昔底德的叙述有些含糊，他暗示他们的建议没有更进一步得到实施⑤，但我们可以接受亚里士多德的说法，即他们正式发布了两项大的原则，这两项原则已经被讨论过，即废除政治服务的报酬和限制特权到一部分人手中⑥。这两项原则推
翻了民主政体。然后，30 人的议事会提议选举一个 100 人的委员　196
会，来起草五千人登记册并设计新的政体。⑦该委员会对临时的和

（接上页）员会联系在一起，从吕西阿斯那里我们可以得出结论：他们成立了一个特别的立法委员会（吕西阿斯：《演说辞》，30.2，尼科马库斯被选为"起草法律者"，并把持职位 6 年。他被称为"立法者"。也见安多基德斯：《演说辞》，1.96，他使用了"起草者"一词，可能是指这样一个委员会的成员。）。三十僭主被任命为立法委员会（色诺芬：《希腊史》，2.3.2，"他们有权将祖先的法律纳入先行法律实施"）。在公元前 403 年，推翻寡头统治之后，安多基德斯：《演说辞》，1.82 指的是任命 500 名"立法者"。然而，这些人似乎是特别专员，因为吕西亚斯：《演说辞》，30.4，5 表明，他们之间对不同法律的修订存在分歧，他指控尼科马库斯花费 4 年的时间来完成他的工作。

① 亚里士多德：《雅典政制》，29.2 修正了修昔底德：《伯罗奔尼撒战争史》，67.1 的记载，他只提到了 10 名"起草者"，声称 20 名"起草者"添加到 10 名"预议会议员"那里。他得到了其他作者的证实（在桑迪［Sandy］博士的注释中引用）。

② 亚里士多德：《雅典政制》，30.1。

③ 修昔底德：《伯罗奔尼撒战争史》，67.2；亚里士多德：《雅典政制》，29.4。

④ "公诉"（εἰσαγγελία，亚里士多德：《雅典政制》，29.4）的过程特别适合于对付反民主的企图。如有人所说，根据梭伦法律的德谟方图斯（Demophantus）的法律在公元前 410 年通过（安多基德斯：《演说辞》，1.95），解释了公元前 411 年特殊"赦免"（ἄδεια）的必要性。

⑤ 修昔底德：《伯罗奔尼撒战争史》，8.67.2，"那些起草者提交的不是别的，正是这个议案"。

⑥ 亚里士多德：《雅典政制》，29.5，"制定的这个宪政"；30.1，"那些委员们起草的事项"。

⑦ 亚里士多德并没有明确地将被任命起草公民名单的一百人（《雅典政制》，29.5）与 100 名立法者（30.1）等同起来。但我想很可能 100 人中只有 1 名。在没有任何其他描述的情况下，提到了几次"一百人"，并且在 30.8 和 31.3 年，（转下页）

预设的政体负责①，30 人的议事会的工作则仅限于阐明一般原则。

我们要感谢亚里士多德对这些事的描述；至于修昔底德，我在上面已经评论过他的不同意见，这里再写一些新的东西。亚里士多德把归功于 30 人委员会的倡议模糊地描述为"公开提议"，另外还有 5 位委员的任命，这 5 人将选出 100 位委员，每一位委员又将联系其他另外 3 位委员，这样便组成了 400 人的议事会，他们掌握着绝对的权力②。四百人议事会的任命和权力必须留待以后考虑：目前我们必须考虑修昔底德提到的 100 人是否与亚里士多德提到的立法委员会是一回事。为了确认这一点，我们可以考察叙述的顺序：在描述了初步的提议程序之后，两位作者都告诉了我们这个政府所依据的一般原则，然后都提到任命 100 人。然而，他们在任命方法和任命目的上存在冲突。我将在下面讨论第一个分歧；关于第二个，修昔底德把 100 人描述为政府委员会的第四个组成部分，亚里士多德描述了 100 人立法委员会有某些特定的职责，并暗示，他们的职能至少有一部分在四百人议事会组成之前就已经生效了③。如果我们能调和关于他们选举方式的不同说法，没有什么能阻止我们假设亚里士多德的 100 人议事会后来被纳入 400 人议事会。我们完全可以认为，革命的推动者会急于把自己的朋友和支持者塞进立法法院和执政委员会当中④。他们正在建立一个虚

(接上页)立法者被赋予将公民分成"许多组"的职责，这一职责自然会落在"登记在册的公民"（καταλογεῖς）的肩上。反对这种说法可能会促使亚里士多德提到"登记在册的公民"由"部落"选举产生，立法者由 5 000 人选举产生；但如果我们假设 5 000 人是由部落投票产生的话，这些段落可能不再那么相互冲突。吕西阿斯：《演说辞》，二十人委员会帮不了我们。这一点是模糊的，并不重要。

① 亚里士多德：《雅典政制》，30.1；31.1。

② 修昔底德：《伯罗奔尼撒战争史》，67.3。

③ 如果亚里士多德对体制的描述被接受的话，修昔底德在他的叙述中似乎期望着 400 人的任命。

④ 古德哈特（Goodhart）教授在他的修昔底德著作第 24 页的版本中提出了这个论点。他把修昔底德提到的 100 个和亚里士多德的 100 个立法者区分开来，他指出，"登记在册的公民"之一的波吕斯特拉图斯（Polystratus）也是 400 人（转下页）

假的政府；他们必须避免一切危险，以有效地履行他们的承诺。为了使政府掌权机构帮助实现这一目的，他们必须确保得到它们的支持。因此，将政府的掌权者限制在尽可能小的范围内，符合阴谋者的利益。总有人提出一些使他们感到不便的建议，这些人会认为，符合他们宣称的纲领的政体应该取代革命寡头政体。如果能够防止的话，他们也承担不起内部争端的风险；如果可能，他们必须避免在其委员会和议事会中出现反对者，并为此目的控制选举。因此，我们可以认为，尽管缺乏绝对的证据，但是这 100 个委员后来很可能被列入到议事会中①。

100 人职责是双重的②。他们将起草一份 5 000 人的名单，这5 000 人将组成公民集体；他们还将根据已经接受的原则设计一个政体。毫无疑问，为革命准备了多日的寡头们，他们的政府计划已经准备完毕，他们制定的政体和他们所同意组建的临时政府一样，都是之前已准备好的③。但是，在他们所计划的政体中，要求修改的部分过于激进，无法立即被人们接受，而且在当时看来，采用一个更符合当时体制的临时制度似乎更容易④。

五千人会议在政体当中所处于或可能处于的位置，对我们理解 *199*

（接上页）的一员（吕西阿斯：《演说辞》，20.1）。必须注意的是，波吕斯特拉图斯仅仅是"议事会"8 天的成员。他很可能被选为"登记在册的公民"（本书第 9节）和"议员"的替代者。

① "登记在册的公民"的年龄限制（40 岁，亚里士多德：《雅典政制》，29.5）比议事会的（30 岁，亚里士多德：《雅典政制》，31.1）要高，但议事会的许多成员肯定已超过 40 岁。

② 我认为在本节第 17 个注释中得到了确认。

③ 亚里士多德（《雅典政制》，30）描述了临时政府（31）之前设计的政体，除了一般的可能性和四百人议事会的简短规则，这将允许很少的时间来设计政体。他的叙述（31.1）意味着这两个文件是一起起草的，在临时政府的条款中提到了永久宪法的书面规定（31.2，"他们在必要时要与议事会商量一切事情"）。

④ 这两个方案可能对应于两个不同党派的目标。极端分子无疑对临时政府很满意。（参见冯·威拉莫维茨·莫伦多夫：《亚里士多德与雅典》，第 116 页，"明确的宪法取决于在萨摩斯的军队。安提丰和弗里尼库斯并不着急。"）从亚里士多德：《雅典政制》，31.2 可以推断，临时宪法只持续了 1 年。

革命者的目的至关重要。他们把手中的权力伪装成人们所托付的，这掩盖了政府的绝对权力①；同时，也争取到了温和派的支持，温和派希望他们自己成为国家中真正的、决定性的力量②。这是妥协的一个因素，它使得政府更容易被接受。但是，那些掌握了权力的极端寡头并不打算让5 000人真正履行他们的职责，至少在临时政府中是这样，所以5 000人的名单从未公布过③。因此，我们对该政体的构成感到困惑。我们并不知道它是否要容纳一定数量的公民，或者如果是的话，那5 000人又是如何从人数更多的合格公民中挑选出来的呢？

有人认为，5 000这个数字是虚构的，用来表示所有有资格履行公民义务的人，在寡头统治被推翻的时候，实事确实是如此④，并且我们从吕西阿斯那里得知，当四百人议事会最后被迫起草名单时，登记册上有9 000个名字⑤。然而，在修昔底德和亚里士多德的记载中，还有其他迹象表明，无论寡头们的意图如何，他们都有可能提议将权力限制在固定的人数之内⑥。我们没有证据来确定

---

① 修昔底德：《伯罗奔尼撒战争史》，8.72.1，86.3，寡头政治的使节们把重点放在5 000人身上。参见普鲁塔克：《亚西比得传》，26，"那5 000人被告知400人的事"。亚里士多德：《雅典政制》，29.1，给政府的名字通常带有"四百人政体"。

② 修昔底德：《伯罗奔尼撒战争史》，8.89.2，塞拉米尼斯注意到"5 000人应委以实权，而不是徒有其名"。寡头政治因把权力托付给他们而被推翻了，修昔底德：《伯罗奔尼撒战争史》，97.1。

③ 见注释33。

④ 修昔底德：《伯罗奔尼撒战争史》，8.97.1；亚里士多德：《雅典政制》，33.1。

⑤ 吕西阿斯：《演说辞》，20.13。我们不能从中得出任何确定的推论。由于温和派的反抗，四百人议事会被迫同意将五千人大会变为现实。这份名单起草得很匆忙，9 000人可能代表了从中选出5 000人合格者的全部人数。

⑥ 修昔底德：《伯罗奔尼撒战争史》，65.3，说"不超过"5 000人得到了允许，亚里士多德：《雅典政制》，29.5则说是"不少于"。如果我们接受这些说法，他们就排除了所有希望被接纳的可能性。此外，如果是这样的话，就不需要特别的名单，因为可能会使用重装步兵名册（见下文注释35），但修昔底德：《伯罗奔尼撒战争史》，92.11意味着需要一份特别的清单。在预计的宪法中，五千人大会将扮演最重要的角色，我认为，证据指向一个固定的数字。如果这个数字是不确定的，就没有理由给他们五千人大会的头衔（在推翻寡头统治之后仍然存在）。我想我们可以得出结论，一个"固定数量的寡头政治"是有意为之的，见前文第38节。

这 5 000 人是用什么方法选出的①。这一点很有可能是古代作家 **201**
们故意含糊其词而没有得到解决的。

直到四百人议事会几乎就要被推翻时,他们才试图列出五千人
大会的名单②;与此同时,亚里士多德提到五千人大会好像真的组
成并运作③。需要解释的问题似乎在于,有资格属于该机构的公民
与从未公布的登记过的 5 000 人之间存在混淆。这 5 000 人将包
括"最能为国家服务的人",也就是说,他们必须属于前三个阶级之
一,他们有义务作为重装步兵服役。该政体为了其目的,必须调整
旧的制度,在少数情况下,革命的领导人将事情留给公民决定,他
们允许所有拥有重装步兵资格的人(即所有登记在册的重装步兵)
拥有投票权④。在某些情况下,他们确实行使了名义上为五千人
大会保留的权力⑤,而且,由于投票的数量很容易低于这个数
字⑥,亚里士多德漫不经心地说,他们好像是这个集体的成员。

亚里士多德说,五千人大会受到委托,任命了 100 名委员⑦, **202**

---

① 在选择的不同方法中(见前文第 38 节,注释 21—24),我们在叙述中找不到痕
迹。我们有可能把重点放在亚里士多德:《雅典政制》,29.5("最有能力的")并
从最高级的用法推断出 5 000 名最富有的重装步兵将被选中。这句话似乎很老
套,见第 36 节第 6 个注释。

② 修昔底德:《伯罗奔尼撒战争史》,92.11;93.2;亚里士多德:《雅典政制》,31.3。
波吕斯特拉图斯在被推翻前的第 8 天开始起草名单(吕西阿斯:《演说辞》,
20.14)。

③ 亚里士多德:《雅典政制》,30.1;31.2;32.1。

④ 这种权宜之计是如此自然,以至于这种推测可以被接受。"登记在册的公民"
(κατάλογος)包含了前三个阶级的重装步兵的名字,它们按部落排列(吉尔伯
特:《手册》,第 1 卷,第 353 页)。即使是作为重装步兵服役的"雇工阶层",
也不包括在"登记在册的公民"(修昔底德:《伯罗奔尼撒战争史》,6.43)。部
落人的选举(亚里士多德:《雅典政制》,31.1;吕西阿斯:《演说辞》,20.2)是
指每个部落名册上的重装步兵的选举,即部落对"5 000 人"的投票。

⑤ 除了注释本节 35 中的例子,参见修昔底德:《伯罗奔尼撒战争史》,93.1,重装
步兵组成一个公民大会。

⑥ 修昔底德:《伯罗奔尼撒战争史》,72.1,公民大会的人数多达 5 000 人。

⑦ 亚里士多德:《雅典政制》,30.1。

显然，四百人议事会的候选人资格基本上都被留给了他们①。亚里士多德没有告诉我们最终的选择是如何作出的，我们也许可以用修昔底德的叙述来补充他的说法②，并假设他所描述的选拔方法与五千人大会的初步选拔相结合。无论如何，我们必须假定，普选只是一种形式，选举在某种程度上是被寡头所控制的，它必须符合寡头们的利益，寡头们会用政治恐怖和暗杀使反对他们的人感到朝不保夕。

四百人政府一成立，五千人大会销声匿迹了③。所以说，临时政府采取的是极端寡头统治形式，并结合了两个特殊的寡头政治特征，即议事会④的主权和拥有绝对权力的行政裁判官⑤。议事会没有资格修改法律⑥，但在其他方面，它的权力是无限的。它控制着国家的全部事务⑦。它能任命执政官并追究他们的责任。将军们拥有重要的权力，但他们无疑是由议事会⑧从自己的成员中

① 亚里士多德：《雅典政制》，31.1，"从部落选出的候选人"。
② 修昔底德：《伯罗奔尼撒战争史》，67.3。
③ 除了我已经讨论过的他们的选举责任外，五千人大会并没有参与政府统治。在第一个提议中，他们被视为拥有一个主权国家（亚里士多德：《雅典政制》，29.5，"所有其他的政府职务"；参照吕西阿斯：《演说辞》，20.13）；但是修昔底德暗示他们从属于"议事会"（《伯罗奔尼撒战争史》，67.3，"他们在愿意的时候召集5 000人开会"）。在拟定的宪法中，他们被赋予政府的一切权力。
④ 修昔底德：《伯罗奔尼撒战争史》，67.3，"按照他们认为最好的方式全权进行统治"。亚里士多德：《雅典政制》，31.1。
⑤ 亚里士多德：《雅典政制》，31.2，将军们说成是成为"全权者"（αὐτοκράτορες），并与"议事会"自由裁量。
⑥ 法律使得"政体"在没有变化的情况下被观察到（亚里士多德：《雅典政制》，31.1）；由立法委员会起草的宪法律，由临时政府遵守，即"按照法律"统治。
⑦ 亚里士多德：《雅典政制》，31.1给出了少量细节。桑迪斯博士在他对《雅典政制》，33.1的注释中，提请注意《阿提卡铭文》（Corpus Inscriptionum Atticarum），4.3.179 d，在这则铭文中，"议事会"批准了某些支出。关于法院，什么也没说；受欢迎的陪审团当然已经废除了津贴；司法权力很可能在行政部门和议事会之间分配。
⑧ 亚里士多德：《雅典政制》，31.2中关于将军选举的描述是混乱的。其中显然提到了三种情况，并为每一种情况规定了不同的程序：(1)就目前而言，要从5 000人中选出10名将军（即由于革命是在战争状态下进行的，因此必须在（转下页）

选出的①，每个人当选其他执政官不得超过一次，尽管将军们或议事会成员没有这样的限制②。我们并不了解该政体任何其他细节。修昔底德提到的5位主席（proedri）有可能是议事会主席③。修昔底德还提到了任命主席团（prytaneis）④，我们可以把它视为常设委员会。这样一来，临时政府就把绝对和无限的权力交给了四百人议事会，他们很快确立了恐怖统治⑤，恐怖统治导致内部纷争，最后他们被人推翻。

因此，该政府旨在为制定明确而详尽的政体铺平道路，它的组建是一个权宜之计，但它被一扫而空，计划从未实现，其草图由亚里士多德⑥保存下来。作为寡头政治创新的一个例子，这一计划引起了人们极大的兴趣，但它对实际的寡头政治却没有什么启示，因为它不同于任何已知的政体，而且它是荒诞和不现实的。

（接上页）临时宪法生效之前毫不拖延地任命10位将军，以取代前任将军，前任将军大多数都在萨摩斯）；(2)一旦任命"议事会"，在对武装部队进行审查后，就选出10位掌握全权的人（这些人肯定是将军；选举将不包括在萨摩斯拥有舰队的人）：他们将任职一年，(3)在未来（"之后的那些"[τὸ λοιπòν]，即在预期的宪法中），选举将按照规定的条件进行。

① 这个推论是有可能的，并得到了事实的证实，塞拉米尼斯（修昔底德：《伯罗奔尼撒战争史》，92.9）、阿里斯塔库斯（98.1）以及阿莱克西克勒斯（94.4），他们被形容为"来自寡头的将领"，他们均为将军。

② 亚里士多德：《雅典政制》，31.3。

③ 这些官员的头衔与计划中的宪政中5位主席的类比使这一点成为可能（亚里士多德：《雅典政制》，30.4）。如果 proderi 是革命的领导者，正如修昔底德：《伯罗奔尼撒战争史》，67.3 中所说的那样，我倾向于把他们与皮桑达（Pisander）、安提丰、弗里尼库斯、塞拉米尼斯以及阿里斯塔库斯联系起来。修昔底德的特点是不直接提及 proderi 的名字，但在第68章，在叙述了他们的任命之后，他立即着手，仿佛用一种自然的联想来描述革命的主要推动者（皮桑达、安提丰、弗里尼库斯、塞拉米尼斯）。在《伯罗奔尼撒战争史》，90.1，阿里斯塔库斯与弗里尼库斯，安提丰和皮桑达是寡头领导人。

④ 修昔底德：《伯罗奔尼撒战争史》，70.1。

⑤ 修昔底德：《伯罗奔尼撒战争史》，70.1，"对城邦进行暴力统治"。

⑥ 亚里士多德：《雅典政制》，30。该计划与临时政府的区别在于，"到之后的时间里"（《雅典政制》，30.3，参照 31.2），"到以后的时间"（31.1），"到别的时候"（31.3）。

古希腊寡头政治：特征与组织形式

该政体最重要的原则是政治职责的轮换①。有资格获得公民身份的 5 000 人将被分成四个"组"②，每组中 30 岁以上的人担任当年的议事会成员③，而其余的人几乎不承担政府的任何职责④。这样组成的议事会大约有 1 000 名成员⑤，所有较为重要的行政官（人数约 100⑥）将通过两重程序选出，而较次要的行政官则从议事会以外抽签委任。如有需要，议事会的每一名成员可请另一位有资格参加议事会审议的公民参加。他们规定要定期开会：由执政官们召集议事会，抽签选出 5 名成员，其中一名为主席，主席负责监督投票和议事秩序。最后出席会议者会被处以罚款⑦。

因此，政府把一切权力都交给了议事会：除了执政官之外，就没有其他国家权力机关了，执政官们也是从议事会选出，并对其负责。议事会的职责几乎没有详细说明；它似乎没有司法职责，但史

---

① 这一点我们在亚里士多德的观点中清楚地看到了；修昔底德也有迹象表明，这一原则是由寡头提出的。在萨摩斯的使节断言（《伯罗奔尼撒战争史》，86.3）"5 000 人中的所有人都轮流参政"，只有在计划宪政的思想中才能理解的一段话。在他们推翻四百人议事会（93.2）的前夕，任命了 5 000 人，"400 人从 5 000 人中轮流产生，并由 5 000 人说了算"。关于轮换原则，我们可以比较一下亚里士多德所说的"德拉古宪法"（《雅典政制》，4.3）以及在第 38 节注释 22 中所引用的《政治学》的内容。

② 亚里士多德：《雅典政制》，30.3，"由达到年龄的人组成 4 个议事会，然后抽签选出一个议事会进行统治，其余的轮流担任，由抽签决定顺序。那 100 人应该把自己和其他人平均分为四个部分，从中抽签选出任期一年的议事会"。在这段话中，100 人要把 5 000 人（"其他人"而不是"那些人"）分成四等份；在每一个部分里，30 岁以上的公民要组成一个"议事会"，为期 1 年；30 岁以下的公民（用"其他人"来形容，而不是"从部分优秀者"）被包含在"平均分的四个部分"中。也参见《雅典政制》，31.3（这段话很难懂，而且很可能是有缺漏的）。

③ 这是从上一个注释引用的段落中得出的必要推论。桑迪斯博士在他的评论中假设"四个议事会各有 400 人"；我找不到任何理由做这样的假设，整个政府计划的目标是将权力集中在一个大的"议事会"手中，取代议事会和公民大会。

④ 他们将有资格担任国家不重要的职务，这些职务是由"议事会"以外的人担任的。

⑤ 每个 ληξις 是 5 000 人的四分之一；而关于"议事会"，如果排除 20 到 30 岁之间的成员，人数可能会少于 1 000 人。

⑥ 亚里士多德：《雅典政制》，30.2，提到的行政官员将会超过 100 人。

⑦ 这些细节源自亚里士多德：《雅典政制》，30。

料中特别提到了议事会对财政的控制①。他们废除在民主政体的国家财政中实行的分管制和责任制,议事会拥有权力,并得到所有重要财政官员的协助,尽管当值的司库(Hellenotamiae)并不能出席议事会的会议②。

人们认识到民主制度所特有的危险,并试图加以补救。议事会和公民大会之间的权力划分被取消。新的议事会是两者之间妥协的产物:但作为一个审议机构,它只能被证明是无用的和笨拙的。民主制度的另一个缺陷是行政机关与统治权力的分离,补救的方法是将所有行政官纳入到了议事会中,而轮换原则确保了所有公民轮流积极参与政府管理,并防止军事职位长期把持在同一人手中。在寡头政治和民主政治思想的交融中,我们认识到这是一位有些富有想象力的理论家的杰作,我们可能有理由怀疑,他这是否只能是纸上谈兵而已。

但是,在该政府的临时性统治及其组建计划中,我们可能会注意到某些寡头统治原则:将下层阶级排除在所有政治权力之外;取消津贴;把权力集中在一个议事会手中,赋予其统治权,并建立一个由执政委员会所任命的强有力的行政机构。

① 亚里士多德:《雅典政制》,30.4,"议事会保证金钱的安全保管及其用在必要的用途"。
② 冯·威拉莫维茨·莫伦多夫:《亚里士多德与雅典》,第 119 页,解释了《雅典政制》,30.2 提到"征收贡款的财务官员"(ἑλληνοταμίαι)时明显的不一致性,假设其职责在不同成员之间分配,而那些担任司库的人当时不在"议事会",以便他们的职责可以得到执行。因此,没有必要省略"征收贡款的财务官员"。

一般名词索引

（逗号左边数字或无逗号的是指文中第几节，逗号右边数字是注释号码，字母 A、B、C 是相应附录）

（以下数字为原书页码，即本书边码）

178

地名索引

希腊文索引

（以下数字为原书页码，即本书边码）

译后记

作为一部研究古希腊寡头政体的专著，本书自 1896 年问世以来，一直广受西方古典学者们的好评，尽管到现在已历经百余年，但仍在古希腊寡头、贵族政体，以及古希腊政治制度史、政治思想史等研究领域扮演着不可替代的角色。

在古希腊政治史研究中，雅典民主制度一直是西方学者们较为关注的问题，从 18 世纪以来，持各种观点的学者及其论著层出不穷，然而，对于古希腊寡头政治的讨论则显得有些薄弱，直到本书于 19 世纪末出版之前，尚无关于希腊寡头政治的系统专论出现。在古希腊城邦政体中，尽管民主制是人们一直津津乐道的，也是一种充满着争议的政体，但是在实际情况中，寡头制作为一种"少数人统治"，则经常是"贵族伙伴们的政体"，在古希腊政治学家的眼中，它就是一种与民主制度截然不同但却与民主制度在希腊长期并存的政治制度。并且，在古希腊人长期的政治实践中，寡头政治发展出了几种独特的、颇具稳定性的模式，其中，尤以斯巴达的混合式寡头政体最具代表性。

本书的作者伦纳德·惠布利立足于古代学者的资料，对于寡头政治的分类和多样性，以及寡头制的诞生、发展、寡头制政府的内部组织进行了详细讨论，并提出了诸多富有建设性的观点。从整体来看，他把古希腊寡头政体出现的问题主要归为"对权力的自私贪婪和对国家利益的牺牲"的论断,虽然没有完全地对古希腊寡头制盖棺定论,但却引领了一代又一代学者在他的基础上继续深入探究古希腊寡头制的种种问题,他的这部著作亦历久弥新。

我们共同研读该书并将其翻译成中文,有一些偶然因素,但是作为古希腊史学习和研究者,研读此著作也是必然。虽然研究和学习古希腊史多年,但是对寡头政治深入的研究还有所欠缺。在翻译过程中遇到诸多困难,我们请教了多位该研究领域的专家。此书的出版也几经波折,历经多年,终于要出版了,内心却依然忐忑,唯恐由于自己学识浅薄而犯下一些翻译错误。若译文中存在问题,请学者和同仁谅解并批评指正。

感谢为此书翻译提供帮助和支持的各位专家。更要感谢一起完成翻译工作的李宏伟、翟思诺,还要感谢为译稿出版付出心血的编辑和朋友,感谢所有支持和帮助我们的人。

孙晶晶于天津师范大学西青校区

2023 年 3 月

上海三联人文经典书库

已 出 书 目

17.《秘史》 [东罗马]普罗柯比 著 吴舒屏 吕丽蓉 译

18.《论神性》 [古罗马]西塞罗 著 石敏敏 译

19.《护教篇》 [古罗马]德尔图良 著 涂世华 译

20.《宇宙与创造主:创造神学引论》 [英]大卫·弗格森 著 刘光耀 译

21.《世界主义与民族国家》 [德]弗里德里希·梅尼克 著 孟钟捷 译

22.《古代世界的终结》 [法]菲迪南·罗特 著 王春侠 曹明玉 译

23.《近代欧洲的生活与劳作(从15—18世纪)》 [法]G.勒纳尔 G.乌勒西 著 杨 军 译

24.《十二世纪文艺复兴》 [美]查尔斯·哈斯金斯 著 张 澜 刘 疆 译

25.《五十年伤痕:美国的冷战历史观与世界》(上、下) [美]德瑞克·李波厄特 著 郭学堂 潘忠岐 孙小林 译

26.《欧洲文明的曙光》 [英]戈登·柴尔德 著 陈 淳 陈洪波 译

27.《考古学导论》 [英]戈登·柴尔德 著 安志敏 安家瑗 译

28.《历史发生了什么》 [英]戈登·柴尔德 著 李宁利 译

29.《人类创造了自身》 [英]戈登·柴尔德 著 安家瑗 余敬东 译

30.《历史的重建:考古材料的阐释》 [英]戈登·柴尔德 著 方 辉 方堃杨 译

31.《中国与大战:寻求新的国家认同与国际化》 [美]徐国琦 著 马建标 译

32.《罗马帝国主义》 [美]腾尼·弗兰克 著 宫秀华 译

33.《追寻人类的过去》 [美]路易斯·宾福德 著 陈胜前 译

34.《古代哲学史》 [德]文德尔班 著 詹文杰 译

35.《自由精神哲学》 [俄]尼古拉·别尔嘉耶夫 著 石衡潭 译

36.《波斯帝国史》 [美]A.T.奥姆斯特德 著 李铁匠等 译

37.《战争的技艺》 [意]尼科洛·马基雅维里 著 崔树义 译 冯克利 校

38.《民族主义:走向现代的五条道路》 [美]里亚·格林菲尔德 著 王春华 等 译 刘北成 校

39.《性格与文化:论东方与西方》 [美]欧文·白璧德 著 孙宜学 译

40.《骑士制度》 [英]埃德加·普雷斯蒂奇 编 林中泽 等译

41.《光荣属于希腊》 [英]J.C.斯托巴特 著 史国荣 译

42.《伟大属于罗马》 ［英］J. C. 斯托巴特　著　王三义　译

43.《图像学研究》 ［美］欧文·潘诺夫斯基　著　戚印平　范景中　译

44.《霍布斯与共和主义自由》 ［英］昆廷·斯金纳　著　管可秾　译

45.《爱之道与爱之力:道德转变的类型、因素与技术》 ［美］皮蒂里姆·A.索
　　罗金　著　陈雪飞　译

46.《法国革命的思想起源》 ［法］达尼埃尔·莫尔内　著　黄艳红　译

47.《穆罕默德和查理曼》 ［比］亨利·皮朗　著　王晋新　译

48.《16 世纪的不信教问题:拉伯雷的宗教》 ［法］吕西安·费弗尔　著　赖国
　　栋　译

49.《大地与人类演进:地理学视野下的史学引论》 ［法］吕西安·费弗尔　著
　　高福进　等译

50.《法国文艺复兴时期的生活》 ［法］吕西安·费弗尔　著　施诚　译

51.《希腊化文明与犹太人》 ［以］维克多·切利科夫　著　石敏敏　译

52.《古代东方的艺术与建筑》 ［美］亨利·富兰克弗特　著　郝海迪　袁指
　　挥　译

53.《欧洲的宗教与虔诚:1215—1515》 ［英］罗伯特·诺布尔·斯旺森　著
　　龙秀清　张日元　译

54.《中世纪的思维:思想情感发展史》 ［美］亨利·奥斯本·泰勒　著　赵立
　　行　周光发　译

55.《论成为人:神学人类学专论》 ［美］雷·S.安德森　著　叶汀　译

56.《自律的发明:近代道德哲学史》 ［美］J.B.施尼温德　著　张志平　译

57.《城市人:环境及其影响》 ［美］爱德华·克鲁帕特　著　陆伟芳　译

58.《历史与信仰:个人的探询》 ［英］科林·布朗　著　查常平　译

59.《以色列的先知及其历史地位》 ［英］威廉·史密斯　著　孙增霖　译

60.《欧洲民族思想变迁:一部文化史》 ［荷］叶普·列尔森普　著　周明圣
　　骆海辉　译

61.《有限性的悲剧:狄尔泰的生命释义学》 ［荷］约斯·德·穆尔　著　吕和
　　应　译

62.《希腊史》 ［古希腊］色诺芬　著　徐松岩　译注

63. 《罗马经济史》 [美]腾尼·弗兰克 著 王桂玲 杨金龙 译

64. 《修辞学与文学讲义》 [英]亚当·斯密 著 朱卫红 译

65. 《从宗教到哲学:西方思想起源研究》 [英]康福德 著 曾琼 王涛 译

66. 《中世纪的人们》 [英]艾琳·帕瓦 著 苏圣捷 译

67. 《世界戏剧史》 [美]G.布罗凯特 J.希尔蒂 著 周靖波 译

68. 《20世纪文化百科词典》 [俄]瓦季姆·鲁德涅夫 著 杨明天 陈瑞静 译

69. 《英语文学与圣经传统大词典》 [美]戴维·莱尔·杰弗里(谢大卫)主编 刘光耀 章智源等 译

70. 《刘松龄——旧耶稣会在京最后一位伟大的天文学家》 [美]斯坦尼斯拉夫·叶茨尼克 著 周萍萍 译

71. 《地理学》 [古希腊]斯特拉博 著 李铁匠 译

72. 《马丁·路德的时运》 [法]吕西安·费弗尔 著 王永环 肖华峰 译

73. 《希腊化文明》 [英]威廉·塔恩 著 陈恒 倪华强 李月 译

74. 《优西比乌:生平、作品及声誉》 [美]麦克吉佛特 著 林中泽 龚伟英 译

75. 《马可·波罗与世界的发现》 [英]约翰·拉纳 著 姬庆红 译

76. 《犹太人与现代资本主义》 [德]维尔纳·桑巴特 著 艾仁贵 译

77. 《早期基督教与希腊教化》 [德]瓦纳尔·耶格尔 著 吴晓群 译

78. 《希腊艺术史》 [美]F.B.塔贝尔 著 殷亚平 译

79. 《比较文明研究的理论方法与个案》 [日]伊东俊太郎 梅棹忠夫 江上波夫 著 周颂伦 李小白 吴玲 译

80. 《古典学术史:从公元前6世纪到中古末期》 [英]约翰·埃德温·桑兹 著 赫海迪 译

81. 《本笃会规评注》 [奥]米歇尔·普契卡 评注 杜海龙 译

82. 《伯里克利:伟人考验下的雅典民主》 [法]樊尚·阿祖莱 著 方颂华 译

83. 《旧世界的相遇:近代之前的跨文化联系与交流》 [美]杰里·H.本特利 著 李大伟 陈冠堃 译 施诚 校

84. 《词与物:人文科学的考古学》修订译本 [法]米歇尔·福柯 著 莫伟民 译

85. 《古希腊历史学家》 [英]约翰·伯里 著 张继华 译

86. 《自我与历史的戏剧》 [美]莱因霍尔德·尼布尔 著 方永 译

87.《马基雅维里与文艺复兴》 [意]费代里科·沙博 著 陈玉聃 译

88.《追寻事实:历史解释的艺术》 [美]詹姆士 W.戴维森 著 [美]马克 H.利特尔著 刘子奎 译

89.《法西斯主义大众心理学》 [奥]威尔海姆·赖希 著 张 峰 译

90.《视觉艺术的历史语法》 [奥]阿洛瓦·里格尔 著 刘景联 译

91.《基督教伦理学导论》 [德]弗里德里希·施莱尔马赫 著 刘 平 译

92.《九章集》 [古罗马]普罗提诺 著 应 明 崔 峰 译

93.《文艺复兴时期的历史意识》 [英]彼得·伯克 著 杨贤宗 高细媛 译

94.《启蒙与绝望:一部社会理论史》 [英]杰弗里·霍松 著 潘建雷 王旭辉 向辉 译

95.《曼多马著作集:芬兰学派马丁·路德新诠释》 [芬兰]曼多马 著 黄保罗 译

96.《拜占庭的成就:公元330～1453年之历史回顾》 [英]罗伯特·拜伦 著 周书垚 译

97.《自然史》 [古罗马]普林尼 著 李铁匠 译

98.《欧洲文艺复兴的人文主义和文化》 [美]查尔斯·G.纳尔特 著 黄毅翔 译

99.《阿莱科休斯传》 [古罗马]安娜·科穆宁娜 著 李秀玲 译

100.《论人、风俗、舆论和时代的特征》 [英]夏夫兹博里 著 董志刚 译

101.《中世纪和文艺复兴研究》 [美]T.E.蒙森 著 陈志坚 等译

102.《历史认识的时空》 [日]佐藤正幸 著 郭海良 译

103.《英格兰的意大利文艺复兴》 [美]刘易斯·爱因斯坦 著 朱晶进 译

104.《俄罗斯诗人布罗茨基》 [俄罗斯]弗拉基米尔·格里高利 耶维奇·邦达连科 著 杨明天 李卓君 译

105.《巫术的历史》 [英]蒙塔古·萨默斯 著 陆启宏 等译 陆启宏 校

106.《希腊-罗马典制》 [匈牙利]埃米尔·赖希 著 曹 明 苏婉儿 译

107.《十九世纪德国史(第一卷):帝国的覆灭》 [英]海因里希·冯·特赖奇克 著 李 娟 译

108.《通史》 [古希腊]波利比乌斯 著 杨之涵 译

欢迎广大读者垂询,垂询电话:021-22895540

图书在版编目(CIP)数据

古希腊寡头政治:特征与组织形式/(英)伦纳德
·惠布利著;孙晶晶,李宏伟,翟思诺译.—上海:
上海三联书店,2023.4
(上海三联人文经典书库)
ISBN 978-7-5426-7726-6

Ⅰ.①古… Ⅱ.①伦… ②孙… ③李… ④翟… Ⅲ.
①政治制度史-研究-古希腊 Ⅳ.①D754.59

中国版本图书馆 CIP 数据核字(2022)第 103007 号

古希腊寡头政治:特征与组织形式

著　　者 /［英］伦纳德·惠布利
译　　者 / 孙晶晶　李宏伟　翟思诺

责任编辑 / 殷亚平
特约编辑 / 杨　洁
装帧设计 / 徐　徐
监　　制 / 姚　军
责任校对 / 王凌霄

出版发行 / 上海三联书店
　　　　　　(200030)中国上海市漕溪北路 331 号 A 座 6 楼
邮　　箱 / sdxsanlian@sina.com
邮购电话 / 021-22895540
印　　刷 / 上海展强印刷有限公司

版　　次 / 2023 年 4 月第 1 版
印　　次 / 2023 年 4 月第 1 次印刷
开　　本 / 640mm×960mm　1/16
字　　数 / 170 千字
印　　张 / 13
书　　号 / ISBN 978-7-5426-7726-6/D·537
定　　价 / 58.00 元

敬启读者,如发现本书有印装质量问题,请与印刷厂联系 021-66366565